Tomas Sjödin

Wo du richtig bist

Vom Aufbrechen und Heimatfinden

Aus dem Schwedischen von Hanna Schott

SCM
R.Brockhaus

SCM

Stiftung Christliche Medien

Der SCM Verlag ist eine Gesellschaft der Stiftung Christliche Medien, einer gemeinnützigen Stiftung, die sich für die Förderung und Verbreitung christlicher Bücher, Zeitschriften, Filme und Musik einsetzt.

FSC www.fsc.org
MIX
Papier aus verantwortungsvollen Quellen
FSC® C014496

SCM-Verlag GmbH & Co. KG, 58452 Witten
Internet: www.scm-brockhaus.de; E-Mail: info@scm-brockhaus.de

Originally published in Swedish under the title:
Den som hittar sin plats tar ingen amnans
Original edition published in Swedish under the title: "Den som hittar sin plats tar ingen annans" by Libris förlag, Örebro, Sweden.

Umschlaggestaltung: Kathrin Spiegelberg, Weil im Schönbuch
Titelbild: Irtsya (shutterstock.com)
Satz: Christoph Möller, Hattingen
Druck und Verarbeitung: GGP Media GmbH, Pößneck
Gedruckt in Deutschland
ISBN 978-3-417-26817-1
Bestell-Nr. 226.817

Meinen Kollegen

Inhalt

Ich glaube, dass es mit dem Namen anfing

Es ist Donnerstag, der 7. Juli im Sommer 2016. Ich bin an meinem Arbeitsplatz, in der Smyrna-Kirche, auf der Grenze zwischen den Stadtteilen Haga und Vasastaden, im Herzen von Göteborg. Es ist 10 Uhr 30. Noch eine halbe Stunde, dann werden wir die großen Glastüren öffnen, die auf den Hagaplatz führen, und mit der Essensausgabe anfangen, danach das gemeinsame Singen und der Abendmahlsgottesdienst. Aber schon jetzt bilden die Hilfe suchenden Menschen da draußen eine lange Schlange. Ob bei Sonnenschein oder Schneesturm, der Anblick ist immer derselbe. Wenn wir die Türen öffnen, breitet sich ein mittleres Chaos aus. Alle wollen als Erste hinein, alle wollen sicherstellen, dass sie auch eine der Lebensmitteltüten bekommen, die wir verschenken.

Meine Kollegen und ich bilden einen Kreis um den Tisch im Zimmer des Küsters und sammeln uns für den beginnenden Arbeitstag. Wir verteilen die Aufgaben, erinnern einander daran, was unser Auftrag ist, und fragen, ob etwas Besonderes ansteht.

An diesem Donnerstag sieht unser Stab so aus: Zwei sind seit Langem krankgeschrieben, einige tragen ein Tattoo auf dem Arm – sie haben sich das Jahr stechen lassen, in dem sie einst schweren Missbrauch erlitten haben – und zwei sind Pastoren. Einer hat mit 65 Jahren gerade seine Berufslaufbahn in der Pflege beendet, um Diakon zu werden, ein Betriebswirtschaftsstudent hat zurzeit Semesterferien, ein anderer ist an der Technischen Hochschule. Drei sind schon seit Längerem Rentner. Zwei sind aus dem Iran nach Schweden gekommen, um hier einen Platz zu finden, an dem sie ein Leben führen können, das lebenswert ist. Außerdem sind da noch zwei, die an einer Arbeitsbeschaffungsmaßnahme teilnehmen.

Da stehen wir im Halbdunkel und bilden einen Kreis, einen Ring. Niemand hat gesagt, dass wir uns so hinstellen sollen, es hat sich so ergeben. Als wollten wir mit unseren Körpern das ausdrücken, was wir sind: ein Ring. In diesem Moment geht mir auf, dass auch ich in diesen Ring gehöre. Dass ich hier einen Platz habe, der mich von Grund auf verändert hat. Ich habe mehr als fünfzig Jahre auf der Welt verbracht, mehr als zehn Bücher geschrieben, es geschafft, mehr als dreißig Jahre Pastor unserer Gemeinde zu sein, drei Kinder gezeugt und zwei von ihnen verloren, getrauert und gelernt, mit Trauer zu leben.

Ich habe mehr als fünfzig Jahre auf der Welt verbracht, aber erst jetzt habe ich begriffen, dass Menschsein heißt, seinen Platz zu finden.

Aber erst jetzt habe ich begriffen, dass Menschsein heißt, *seinen Platz zu finden.*

An anderen Orten höre ich, wie ich als Autor vorgestellt werde, als Kolumnist einer großen Tageszeitung oder als Stimme, die man vom Radio kennt. Hier kümmert das niemanden. Die Menschen, die wir heute treffen werden, wissen kaum etwas von uns. Sie sind einzig mit Überleben beschäftigt.

Man könnte sagen, dass ich und meine engsten Kollegen die Arbeit leiten, aber das ist nicht die ganze Wahrheit. Wir oder zumindest ich bin ein Teil dieses Rings, ein Teil von etwas Größerem. Ich brauche diesen Platz hier, und die anderen brauchen ihren Platz ebenso. So wie wir hier stehen, kämpfen wir nicht um unseren Platz – wir schaffen ihn. Und manchmal, wenn ein neuer Freiwilliger dazukommt, dann erzählen wir einander von unseren Wegen und wie wir aus ganz unterschiedlichen Hintergründen kommend hier zusammengefunden haben.

An diesem Tag, dem 7. Juli, muss ich mich kneifen, um wirklich zu kapieren, dass ich meinen Platz gefunden habe. Ich bin einer von ihnen. Meine Geschichte ist ganz anders als die der anderen, aber was ich zu erzählen habe, fügt sich zu den anderen Geschichten. Ich bin Tomas. Und dieser Name ist hier nicht unwichtig.

Ich glaube sogar, alles begann mit dem Namen. Und mit einer lang gehegten Sehnsucht: mehr über meinen Namensvetter zu erfahren, über Thomas, den am häufigsten missverstandenen Jünger Jesu. Es geht natürlich um mehr als den Namen, den wir gemeinsam haben, schließlich ist Thomas nicht gerade ein seltener Name. 84 493 Menschen in Schweden heißen mit Vornamen Tomas, 45 von ihnen schreiben sich mit einem Z am Ende. Unser Name bedeutet nicht Zweifler, wie die meisten glauben, sondern Zwilling. Als mir klar wurde, dass es dann ja einen Zwillingsbruder oder eine Zwillingsschwester des biblischen Thomas gegeben haben muss, nahm meine Suche Fahrt auf.

Wer war der andere Zwilling, der, der nie genannt wird? Oder ist genau das der springende Punkt: dass all die Millionen Menschen, die sich im Laufe der Geschichte mit Thomas verwandt fühlten, seine Zwillingsbrüder und -schwestern sind? Alle, die einfach glauben wollten, aber kämpfen mussten, um vertrauen zu können? Die wie Thomas sehen wollten, ehe sie glauben konnten – in seinem Fall die Wundmale der Kreuzigung? Ich sehe all diese Leute, als hätten sie im Laufe der Geschichte eine lange Schlange gebildet – und ich selbst stehe ganz an ihrem Ende.

Seit mein Kinderglaube zu wanken begann, habe ich meine Zuflucht bei dem Jünger Jesu gefunden, mit dem ich mich am ehesten verwandt fühlte. Für mich ist er nicht der Zweifler. Er ist *Didymos*, der Zwilling, der Ambivalente, der Patron der Realisten.

Was die Bibel über ihn sagt, ist äußerst knapp, dennoch ist seine Persönlichkeit deutlich ausgeleuchtet. Er selbst scheint nicht immer zu wissen, was er glaubt, aber er bleibt sich immer treu. Die wenigen Worte, die von ihm überliefert sind, geben uns genau wie seine Lebensgeschichte einen deutlichen Eindruck davon, wie vielschichtig seine Persönlichkeit ist, die Persönlichkeit eines

Menschen, der Gegensätze verbindet, und zwar nicht nacheinander, sondern gleichzeitig.

Im Laufe der Jahre habe ich viele Gespräche mit Thomas geführt, habe bei ihm Schutz gesucht, wenn ich mich den Glaubensstarken unterlegen fühlte, habe mich an ihn gehalten, wenn mir vorgeworfen wurde, kleingläubig zu sein. Und vor ein paar Jahren dann hatte ich die Eingebung, der nächsten Spur zu folgen, der ich in Sachen Thomas begegnen würde, und wäre sie noch so verwischt.

Anfänglich war ich gar nicht so sehr am historischen Thomas interessiert, und ich bin mir sicher, dass er selbst es nicht gewollt hätte, als jemand betrachtet zu werden, dem man folgen sollte, und erst recht nicht als jemand, dem man ein literarisches Denkmal setzt. Aber schon bald wurde ich von seiner Geschichte regelrecht verschluckt.

Als Zwillingsseele habe ich mich an ihn gehängt – ohne zu ahnen, wohin mich das führen würde. Ich begann mit dem Gedanken zu spielen, ich selbst wäre sein Zwilling, der andere, unbekannte, ein Zwilling im Zweifel und im Glauben. Ich ließ Thomas schließlich jemanden sein, mit dem ich mich über alles unterhalten konnte, von Ambivalenz bis Abenteuer. Und ich versuchte ein Muster in dem zu erkennen, was sich als seine Geschichte erwies: der Weg von der Ausgrenzung hin zur Aufgabe und zum Dienst an etwas, das weit größer war als alles, was er hätte ahnen können.

Dass das historische Material so dürftig ist, wie es nun mal ist, betrachte ich nicht als Nachteil. Ich sehe darin eher die Möglichkeit, verschiedene Deutungen und gedankliche Wege auszuprobieren. Es lässt auch dem Gedanken an den anderen Zwilling mehr Platz. Und: Ich kann meine eigene Geschichte in die Lücken hineinschreiben.

Die meisten glauben, der Name des Thomas sei von Anfang an sowohl ein Titel als auch ein Rufname gewesen. Mit dieser Bezeichnung ging man auf Nummer sicher. Da Zwillinge ja von vielen verwechselt werden – etwas, womit vor allem eineiige Zwillinge zu leben lernen müssen –, ist es das Sicherste, man sagt einfach nur »der Zwilling«, wenn man einen der beiden meint.

Einige glauben, dass Thomas der Zwillingsbruder von Jesus war, was den theologischen Begriff des *divine double* prägte. Ich selbst halte den Gedanken für abwegig. Wenn es so gewesen wäre, hätten die Berichte, die die Evangelien von Jesu Geburt in Bethlehem geben, es erwähnt.

Was aber lockt mich da? Was mich anzieht, ist ein Gefühl, für das Thomas steht: vom innersten Kreis der Jünger ausgegrenzt zu sein. Mit anderen Worten, das Gefühl, nicht gut genug zu sein für die »geistlichen Eliten«. Was mich anzieht, ist auch die freimütige Art, in der er den Gottessohn anspricht. Was mich anzieht, ist sein Mut, grundehrlich zu sein, lästig zu werden und sich das Recht he-

Was mich anzieht, ist ein Gefühl, für das Thomas steht: vom innersten Kreis der Jünger ausgegrenzt zu sein. Mit anderen Worten, das Gefühl, nicht gut genug zu sein für die »geistlichen Eliten«.

rauszunehmen, zu zweifeln und Dinge infrage zu stellen, auch wenn niemand sonst das zu tun scheint. Was mich anzieht, ist aber auch sein Mut, sich überzeugen zu lassen, wenn neue Fakten auftauchen, dass er so schnell von einer Haltung des Zweifels zu einer Haltung des Anbetens zu wechseln wagt. Im Zeitalter des Suchens ist es wichtig anzumerken, dass es nicht verwerflich ist, tatsächlich zu finden, was man gesucht hat.

Mich überkam eine maßlose Neugierde, was Thomas' große Seereise nach Indien angeht. Denn wenn man seinen Fußspuren folgt, landet man zuletzt immer dort. Vieles spricht dafür, dass der Jünger Jesu, der am ehesten als »Wackelkandidat« betrachtet wurde, am Ursprung einer Kirche steht, die heute zirka sieben Millionen Gläubige zählt und durch die Jahrhunderte von einem trotzigen Glauben bestimmt war. Eine Kirche, ähnlich zwiegespalten wie Thomas' Gefühle oder, wenn man will: eine Kirche mit vielen verschiedenen Erscheinungsformen.

In einem meiner Bücher – *Reservkraft* (*Kraftreserve*)[1] – habe ich über das Wort »Gemeinschaft« geschrieben, ein Schlüsselwort unseres Lebens. Das Buch erschien 2004. Seitdem hat sich in unserer Familie, wie ich sie dort beschrieben habe, viel verändert. Zwei unserer Söhne, Karl-Petter und Ludvig, sind uns im Alter von 15 und 14 Jahren genommen worden. In der Leere, die die beiden Jungen zurückgelassen haben, leuchtet das Wort Gemeinschaft nur noch heller.

Ich beschließe, eine besondere Gemeinschaft zu suchen und mich für eine Zeit in die Gesellschaft des Jüngers,

Apostels und Missionars Thomas zu begeben. Es ist eine Entscheidung, die mich zu einer langen Reise führt, einer Reise, bei der sich herausstellen wird, dass es um mich selbst geht und um uns alle, die wir unseren Platz im Leben suchen.

Caravaggio, Thomas und ich

In den Wochen, bevor ich mich nach Deutschland aufmachte, verging die Zeit im Sauseschritt. Unsere karitative Arbeit explodierte förmlich, die Not wurde immer bedrückender und unsere Kirche hatte das Glück, zu einem Ort zu werden, den viele aufsuchten, um Hilfe zu finden.

Bei so etwas dabei zu sein und die wachsende Schar Freiwilliger anzuleiten, ist zutiefst befriedigend. Zusehen zu dürfen, wie sie die kleinen Dinge tun, die möglich sind, das ist, als beobachte man ein loderndes Feuer der Hoffnung, welches gegen alles steht, was unmöglich erscheint. Aber es ist auch ermüdend. Die Not ist real, und es ist schwer, nach Hause zu gehen und Dinge zu genießen, die vergleichsweise luxuriös sind, während andere Menschen sich für das Lebensnotwendige abmühen.

Auf dem Weg zu einer Lesung in der Nähe von Heidelberg leiste ich mir einen zusätzlichen Tag in Potsdam. Es ist eine Art Ironie des Schicksals, dass Michelangelo Merisi da Caravaggios Gemälde *Der ungläubige Thomas* ausgerechnet in einem Schloss mit dem Namen Sanssouci hängt, was doch »ohne Sorge« heißt. Ich reise dorthin, um das Bild »in echt« zu sehen.

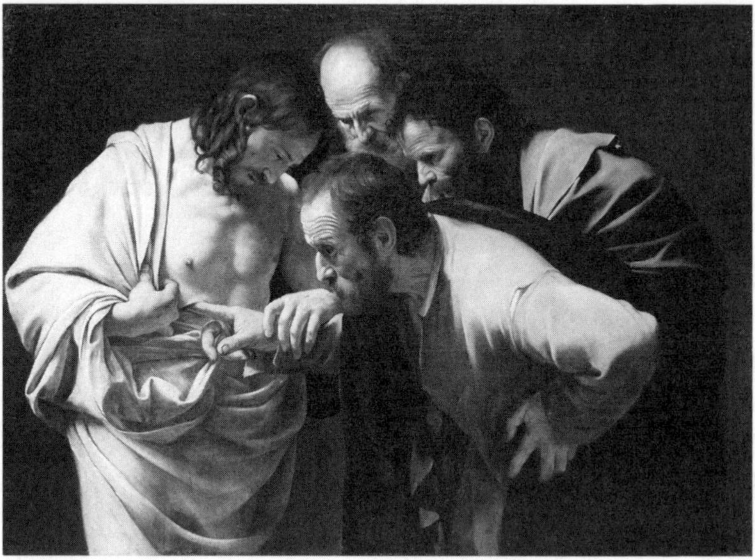

Es fühlt sich an, als würde ich von einer vollen Autobahn auf eine stille Dorfstraße abbiegen. Ich gelange an den vielleicht stillsten Ort, den ich je besucht habe. Dabei ist das Schloss keinesfalls menschenleer, aber es herrscht jene Sonntagsstille, nach der ich mich gesehnt habe.

Ich glaube fest daran, dass man seinen Impulsen folgen soll, und ich habe mein Leben lang dieser Überzeugung entsprechend gehandelt. Mit den Jahren habe ich es sogar noch häufiger getan, habe auf die schwachen Signale zu hören gewagt und dann tatsächlich umgesetzt, was ich für richtig hielt. Von Interesse und Sehnsucht geleitet, bin ich auch schwer begreiflichen Impulsen gefolgt.

Wenn man etwas Wertvolles finden möchte, muss man

genau hinschauen. Wenn man sich damit begnügt, nur die Oberfläche der Dinge zu scannen, muss man nehmen, was man findet. Eine oberflächliche Allgemeinbildung ist im Vergleich zu vertieftem Wissen breit und leicht, aber die Vertiefung kann per Definition nur in einem kleinen Bereich geschehen. Wenn man unter die Oberfläche gelangen möchte, muss man Grenzen ziehen, sich mit dem beschäftigen, was einen neugierig macht, und anderes beiseitelassen. Es gibt vieles, was man nicht muss.

Mein plötzlich aufflammendes Interesse für Kirchenglocken führte mich durch die Slowakei und später zu einer zweitägigen Glockenkonferenz auf dem englischen Land. (Ich habe darüber in meinem Buch *Ett brustet halleluja – Ein gebrochenes Halleluja*[2] geschrieben.) Johannes vom Kreuz lockte mich auf eine Pilgerreise nach Andalusien, und mein Wunsch, Jean Vanier, den Gründer der Arche-Kommunität, kennenzulernen, hat mich dazu gebracht, mich für eine fünftägige französischsprachige Retraite in Trosly wenige Kilometer nördlich von Paris anzumelden – mich, der nur ein paar Brocken Französisch spricht.

Jetzt bin ich am südwestlichen Rand von Berlin, um mir ein Gemälde anzuschauen. Als ich meiner Frau von meinem Vorhaben erzählte, glaubte sie, sie hätte mich nicht richtig verstanden …

Der Schlosspark von Sanssouci ist großartig: Blumenrabatte, Weinbauterrassen, Gewächshaus, Lustgarten, Teehaus, Wasserspiele, Skulpturen und mehr als dreitausend Obstbäume … Man kann, wenn man will, viele Kilometer auf Kieswegen wandeln, ohne auch nur einmal an dieselbe Stelle zu kommen. Auf dem höchsten Punkt einer Erhebung liegt der Palast, den Friedrich der Große sich als Sommerresidenz erbauen ließ.

Der Weg, auf dem ich mich dem Palast nähere, gibt mir eher das Gefühl, einen Weinberg hochzuwandern als einen Hügel. Es ist ein kunstvolles System von sechs Terrassen, zu denen jeweils Gewächshäuser gehören. Mehr als hundert verglaste Nischen müssen es sein, wenn ich richtig gezählt habe. Je nach Robustheit wachsen die verschiedenen Rebsorten hinter Glas oder im Freien. Diese Weinbergterrassen geben dem Park seinen einzigartigen Charakter. Und ganz oben, in einem Seitenflügel des Schlosses, befindet sich das Kunstmuseum, in dem das Original von Caravaggios Gemälde hängt.

Ich beziehe ein Hotelzimmer in der Nähe und wechsle den ganzen Nachmittag zwischen Schloss und Park hin und her. Am Abend bin ich wieder im Schloss, und auch am folgenden Morgen bin ich dort einer der Ersten. Draußen im großen Park spazieren und joggen Leute, manche haben Decken ausgebreitet und picknicken. Ein fröhliches Bild.

Ich dagegen möchte einfach allein sein, ich, der ich doch sonst durch und durch ein »Herdentier« bin. Ich will dieses Erlebnis für mich allein haben. Hier sollen jetzt nur ich sein, Caravaggio, Jesus, Thomas und die zwei namenlosen Begleiter, die zu dem Geschehen auf dem Gemälde gehören.

Die Erzählung von Thomas ist vielleicht die Geschichte im Neuen Testament, die mir für meinen Glauben am meisten bedeutet. Ich habe mich mehr als dreißig Jahre lang mit ihr beschäftigt, sie in Predigten angesprochen, in Texten und Büchern, und mich immer als der andere Zwilling verstanden, als der ungenannte Bruder. Und ich habe immer wieder Menschen getroffen, die Lebensgeschichten erzählten, die der des Thomas glichen, ob ihnen das bewusst war oder nicht. Wie jemand nicht richtig dazugehörte, wie jemand unerwartet eine zweite Chance bekam, wie jemand von Einsamkeit zum Glauben gelangte. Denn darum geht es bei Thomas.

Die Geschichte, wie sie im Johannesevangelium aufgezeichnet ist, erzählt nicht viel vom Hintergrund und den Ursachen dessen, was geschieht. Kurz gefasst: Es kommt zu einer ersten Begegnung zwischen dem Auferstandenen und seinen niedergeschlagenen Jüngern, die bis dahin geglaubt haben, er sei tot. Bei dieser ersten Begegnung ist Thomas nicht dabei, sondern an irgendeinem anderen Ort.

»Einer der Jünger, Thomas, der auch ›Zwilling‹ genannt wurde, war nicht dabei gewesen, als Jesus kam«, heißt es bei Johannes. Dieser kurze Satz erzählt eine lange Geschichte.

Eine Woche später kommt es zu einer zweiten Begegnung. Jetzt ist Thomas dabei. Zwischen diesen zwei Ereignissen gibt es einen leeren Raum, der hochinteressant ist. Warum war Thomas beim ersten Mal nicht dabei? Was hat er in dieser Woche getan? Brauchte er diese Extrazeit, um dann schließlich doch den Platz einnehmen zu können, der schon immer seiner war?

Der Weg bis zu dem Moment, an dem man seinen Platz im Leben und im Glauben einnimmt, ist für die meisten Menschen eine sehr einsame Wanderung durch tiefe

Zweifel und Selbstzweifel. Etwas in dieser Geschichte sagt mir, dass man dieser einsamen Wanderung, dieser trostlosen Landschaft nicht ausweichen, aber sie doch so schnell wie möglich hinter sich bringen soll. Wenn man sich auf dem Weg niederlässt, erlöscht das eigene Feuer. Wie Thomas handelt, erzählt nicht davon, wie wichtig das Zweifeln ist, es erzählt davon, wie der Glaube bewahrt wird. Das ist ein himmelhoher und höllentiefer Unterschied.

Wie Thomas handelt, erzählt nicht davon, wie wichtig das Zweifeln ist, es erzählt davon, wie der Glaube bewahrt wird.

Genau hier wird Thomas zum Zwilling. Thomas zweifelt auf eine konstruktive Weise, da ist eine Bewegung in seinem Kampf, eine Richtung. Er will glauben. Caravaggios Gemälde heißt auf Englisch *The Incredulity of Saint Thomas*, wobei man *incredulity* wohl am besten mit Kleinglaube oder Skepsis übersetzt.

Zu zweifeln ist schick geworden. Aber der Zweifel ist nichts, was man suchen sollte. Der Glaube ist die große Gabe, die wir in diesem Leben empfangen können. Deshalb bin ich aufrichtig skeptisch, wenn heute dem Zweifel gehuldigt wird. Es macht sich gut, ein Zweifler zu sein, denn – so bekommt man es erklärt – der Zweifler ist noch nicht fertig, er ist in Bewegung. Aber stimmt das? Der Zweifel ist nützlich, denn er hilft uns zu erkennen, was echt ist und was wir wirklich wollen. Davon abgesehen ähnelt der Zweifel aber eher dem Leid, das keinen Wert an sich hat, sondern ein Werkzeug ist, dessen Gebrauch manchmal notwendig ist, um unseren Glauben zu formen.

Das griechische Wort für zweifeln ist *distazein*, und es beschreibt das Schwanken zwischen zwei Möglichkeiten. Das lateinische *dubitare* und das verwandte englische *to doubt* verweisen auf eine ähnliche Zweideutigkeit. Da gibt es etwas, das es schwer macht zu wählen. Man schwankt zwischen den Alternativen, man ist unschlüssig.

Den konstruktiven Zweifel erkennt man an seinem Bestreben, das Gute zu wählen. Der norwegische Theologe Åste Dokka schrieb in der Zeitschrift *Vårt Land* (*Unser Land*), dass der Zweifel lähmen und in die Passivität führen kann, dass er manchmal zum Vorwand wird, um der Welt mit ihrem Alltag, ihren Festen und Dramen auszuweichen. Er beschreibt den Zweifel als eine Weigerung, sich zu entscheiden. Wer glaubt, ist alles andere als fertig, und er steht auch nicht still. Gerade wer glaubt, ist in Bewegung und noch im Werden begriffen. Der Glaube ist eine lebenslange Reise, die zu immer neuen Entdeckungen und Herausforderungen führt.

Dokkas Beobachtungen haben etwas. Thomas selbst wird das im Laufe seines Lebens klar, und Millionen von Märtyrern werden seine Erfahrung im Laufe der Geschichte teilen. Der Zweifel kann dagegen zu einer Versuchung werden: zu der Versuchung, nicht Stellung zu beziehen, nicht zu wählen oder zu verwerfen, den Kopf einzuziehen und bei seinen Netzen am See Genezareth sitzen zu bleiben, obwohl man im Innersten weiß, dass es das nicht mehr ist und dass man zu etwas anderem bestimmt ist, dass ein größeres Wasser ruft.

Ich gehe langsam, fast andächtig durch die zweihundert Meter lange Magnolienallee, die gerade jetzt in voller

Blüte steht, hoch zur Kunstgalerie, einem Gebäude mit schlichtem Äußeren, aber prunkvollem Inneren. Alles strotzt vor Gold und italienischem Marmor. Der Kontrast zu dem Ambiente, das Caravaggio malt, könnte nicht größer sein. Sein Bild ist nicht groß, es misst etwa einen mal anderthalb Meter, aber es birgt das Schicksal von Millionen Menschen in sich, auch meines.

Es gibt viele Bilder vom Apostel Thomas. Die meisten zeigen ihn als »den großen Apostel«, auf vielen wird er mit einer Lanze gezeigt, denn der Legende nach ist er mit einem Lanzenstich in den Rücken ermordet worden. In Indien findet sich sein Bild auf Briefmarken – ich bezweifle, dass er das gut gefunden hätte.

Das Bild des italienischen Malers unterscheidet sich auf viele Weisen von den anderen. Ich weiß nicht, wie lange ich das Gemälde mit Thomas und seinen Begleitern betrachte. Es fällt mir schwer, mich aus dem Raum zu verabschieden, als es Zeit wird. Vielleicht liegt es gar nicht an genau diesem Bild, sondern daran, dass das Dargestellte so einen zentralen Punkt in meinem eigenen Leben berührt. Ich bin nicht der Erste, der das so empfindet, und sicher auch nicht der Letzte. Nur einer in einer langen Kette von Menschen, die mir seelenverwandt sind.

Caravaggio (1571–1610) brach mit den damals herrschenden Konventionen und entwickelte einen naturalistischen Stil, den er zur Vollendung führte. Seine eigene Geschichte ist schillernd und eher düster. In seiner Heimatstadt Mailand hieß es schon früh, er sei streitsüchtig und gewalttätig. Oft verwickelte er sich in Schlägereien oder es kam zum Duell. Bei einem der Duelle starb sein

Gegner. Caravaggio wurde zum Tode verurteilt, aber es gelang ihm, von Rom, wo er damals lebte und arbeitete, zu fliehen. Lange Zeit versteckte er sich, mal in Neapel, mal auf Malta – und überall verursachte er Schwierigkeiten. Als er eines Tages hörte, er solle eventuell begnadigt werden, machte er sich sofort auf den Weg nach Rom. Unterwegs wurde er jedoch aufgehalten, er erkrankte und starb drei Tage, bevor die Nachricht von seiner Begnadigung ihn erreichen konnte. Viele seiner Gemälde mit religiösen Motiven sind unsterblich geworden, und seiner eigenen tragischen Lebensgeschichte zum Trotz ist er für viele ein Verkünder der Gnade geworden.

Während ich in Sanssouci sitze, gibt es einige Dinge, die mir wichtig werden an diesem Kunstwerk, das ich so oft gesehen habe und vor dessen Original ich jetzt endlich verharren darf, mehr als vierhundert Jahre nachdem es gemalt wurde. Ich weiß, dass ich dazu neige, allzu weitgehende Schlüsse zu ziehen und in ein Bild zu viel hineinzulesen. Aber gehört es nicht zu jeder Kunst, dass sie im Auge des Betrachters etwas anderes und mehr ist?

Caravaggio hat sowohl Thomas wie auch seine Begleiter als schon ziemlich alte Männer gemalt – etwas, das ich als befreiend empfinde. Ich habe sie mir immer viel jünger vorgestellt, vielleicht in ihren Zwanzigern, und mir heimlich gewünscht, Jesus möge nicht auf unverantwortliche Weise solche jungen Männer von ihren Familien weggelockt haben, damit sie ihm folgten.

Ich verlasse Sanssouci für eine Weile und esse in der Brandenburger Straße zu Mittag. Der kleine Markt liegt im Schatten des Brandenburger Tors – nicht zu verwechseln mit dem weit größeren Tor in Berlin, das denselben Namen trägt. Das Erstaunliche an diesem Tor ist, dass seine beiden Seiten von zwei verschiedenen Architekten entworfen wurden, sodass man zwei ganz verschiedene Eindrücke von ihm bekommt, je nachdem von welcher Seite man es betrachtet.

»Man findet, was man sucht«, heißt es. Das stimmt nicht immer, aber doch sehr oft. So auch hier. Das Thema der Zwei begegnet mir heute überall: das Zweigeteilte; eine Sache von zwei Seiten betrachten, was ja die Natur des Zweifels ist.

Manchmal muss man von sich selbst Abstand gewinnen, um die Dinge aus einer anderen Perspektive zu sehen. Das ist oft ein schmerzlicher Prozess. Wie bei einem schweren Verlust oder der Konfrontation mit einer ernsten Diagnose, wenn das Leben plötzlich den Kurs ändert und man sich in einem Land vorfindet, in dem man noch nie war und von dem man geglaubt hatte, es nie zu betreten, wenn alle Hoffnung und alles Vertrauen verschwunden scheinen.

Und Gott? Man kennt sich selbst nicht mehr wieder in dieser Welt, in der man sich nun vorfindet. Gerade hier scheint die Zeit unerhört langsam zu vergehen, so gut wie gar nicht. Und doch tut die Zeit ihre Arbeit. Sie heilt keine Wunden, aber sie öffnet uns die Augen für Dinge, die wir vorher nicht sehen konnten. Denn auch wenn man noch nie so wenig festen Boden unter den Füßen hatte, beginnen einzelne Nebelschwaden sich aufzulösen und man beginnt auf neue Weise zu sehen. Vielleicht ist das ganze Leben ja eine kreisförmige Bewegung: Nicht selten findet der glaubende Mensch gegen Ende seines Lebens zu seinem vertrauensvollen Kinderglauben zurück, aber nun bekommt der ein ganz anderes Gewicht, das Gewicht eines ganzen Lebens mit all seinen Erfahrungen. Dasselbe Tor, von einer anderen Seite betrachtet.

Nicht selten findet der glaubende Mensch gegen Ende seines Lebens zu seinem vertrauensvollen Kinderglauben zurück, aber nun bekommt der ein ganz anderes Gewicht, das Gewicht eines ganzen Lebens mit all seinen Erfahrungen.

Ich gehe den langen Weg zurück, vorbei am Neuen Palais, das mich erstaunlich an *Downton Abbey* erinnert, bis zur Gemäldegalerie. Mir gefällt es, dass Caravaggio Thomas nicht einsamer macht, als er war; die anderen Personen auf dem Bild wirken genauso konzentriert wie er. Sein Kampf ist auch ihrer. Thomas ist kein trödelnder Nachzügler. Er ist einer, der vorangeht in der Welt des Glaubens. Er setzt sich an die Spitze, und die anderen hängen sich an ihn. So kommt man voran. Beim nächsten Mal kann es ja genau umgekehrt sein.

Ich mag auch, dass der dargestellte Raum so dunkel ist. Viele Kunstkritiker haben das besonders betont. In diesen Raum bricht ein sonderbares Licht ein. Das Licht fällt auf die Jünger, nicht auf Jesus. Jetzt geht es um sie, nicht um ihn. Er hat das Seine getan, ist durch den Tod zum Leben gegangen; von nun an und bis in alle Zukunft geht es um das Vertrauen.

Mir gefällt außerdem, dass dieser Begegnung jeder Rahmen fehlt. Um die vier Männer herum ist nichts. Was dort geschieht, kann sich an einem beliebigen Ort zutragen – auch bei uns. Mir gefällt das Intime dieses Bildes: Wer die Wahrheit sucht, findet auf seinem Weg andere, eine Gemeinschaft. Man kann ruhig zweifeln, Hauptsache, man ist dabei nicht einsam. Zweifel ist eine Gemeinschaftsaufgabe, keine Prüfung, nichts, das man im eigenen Kämmerchen kultivieren sollte. In einer allzu individualisierten Welt vergisst man das leicht.

Das Museum schließt früh. In der Nacht schlafe ich unruhig. Ich wache vor Tau und Tag auf und schaue auf die Brandenburger Straße, die noch im Dunkel liegt. Ich bleibe im Bett, mit dem Laptop auf dem Schoß, und versuche zusammenzufassen, was ich bis hierhin verstanden habe. Ich habe mir einen Druck des Gemäldes gekauft und nehme ihn jetzt zur Hand. Dabei fällt mir ein weiteres Detail auf, das mir schon früher hätte auffallen können: wie behutsam Jesus die Hand von Thomas zur Wunde führt. Als ob die gesprochene Einladung nicht reichte, als wäre etwas konkret Spürbares nötig.

Ich lese den kurzen Text im Johannesevangelium noch einmal und sehe, dass sich dort, was Jesus betrifft, nicht die geringste Spur einer Zurechtweisung oder eines Zögerns findet. Thomas ist willkommen – mit seinen Fragen und mit seiner Unschlüssigkeit. Thomas wird angesprochen, um ihn und nur um ihn geht es bei dieser zweiten Erscheinung des Auferstandenen.

Dass Thomas nicht glücklich war, als die anderen Jünger ihm erzählten, der Auferstandene sei ihnen begegnet, ist leicht nachzuvollziehen. Dramatische Wundererzählungen verstärken bei denen, die nicht dabei waren, das Gefühl, außen vor zu sein. Manchmal schafft man es nicht, am Glück der anderen teilzuhaben; was nicht heißt, dass man es ihnen missgönnt.

In den Jahren, in denen wir am intensivsten um das Leben unserer Söhne kämpften, den Jahren, in denen es ihnen gesundheitlich schlechter und immer nur schlechter ging, wir Gott um Linderung baten und keine Linderung eintrat – in jenen Jahren gab ich mir selbst die Erlaubnis, mich von Wunderberichten nicht erbauen lassen zu müssen. Ich gab mir sogar das Recht, ihnen nicht zu glauben. Einfach um meine und unsere Einsamkeit nicht noch stärker zu spüren. Könnte das vielleicht der Grund dafür sein, dass wir in unserem Glauben bewahrt blieben?

Thomas' Zweifel dürften wohl kaum religiöse Grübeleien gewesen sein. Sie berühren etwas viel Allgemeineres. Thomas ist ein Mensch, der trauert. Er hat vor Kurzem erlebt, wie sein Freund einen qualvollen und erniedrigenden Tod starb. Der Zwilling aller Zweifler ist ein junger Mann, dessen Lebenstraum soeben durchstochen und gekreuzigt worden ist. Der Aufbruch – mit all dem, was er gekostet hat – war, wenn man alle Fakten auf den Tisch legt, die Fehlentscheidung seines Lebens.

Der Zwilling aller Zweifler ist ein junger Mann, dessen Lebenstraum soeben durchstochen und gekreuzigt worden ist.

Ich glaube, er schaffte es einfach nicht, die ganze Zeit mit den anderen zusammen zu sein. Er brauchte den Rückzug in das städtische Treiben von Jerusalem. Und irgendwo dort, in der von Trauer und Sorgen ausgelösten Einsamkeit, zerriss er seinen Mantel, glaube ich, so wie es auf Caravaggios Gemälde aussieht.

In meiner Welt besteht der Zweifel aus neunzig Prozent Einsamkeit und zehn Prozent sich widersprechenden Fakten. Wenn irgendjemand wusste, wie es sich anfühlt, einsam zu sein, dann war es Jesus. Er kommt zu dieser Begegnung mit Thomas vor dem Hintergrund der Erfahrung, körperlich wie seelisch vollkommen ausgeliefert gewesen zu sein. Ich stelle mir vor, dass Thomas dazu eingeladen wurde, die Wunde an der Seite zu berühren, an der Stelle, wo der Speer in den Körper gebohrt und weiter hinauf Richtung Herz geführt worden war, weil diese Wunde für die Wunde steht, die Thomas unsichtbar in sich trägt, eine Wunde, die von keiner Hand berührt werden kann, ein Zeichen äußerster Einsamkeit. Genau hier fühle ich mich mit Thomas verwandt. Hier empfinde ich mich als sein unbekannter Zwillingsbruder.

Unter Theologen wird diskutiert, ob Thomas die Wunde an Jesu Seite überhaupt berührt hat. Im Text weist nichts darauf hin, dass er es tat. Mir ist die Frage nicht wichtig. Entscheidend ist, dass er es hätte tun können.

In einem Umfeld, in dem es in Ordnung ist, wenn man fragt, nachfragt und infrage stellt, ist es einfacher zu glauben. Wenn man dagegen das Gefühl hat, dass es besser wäre, seine Fragen herunterzuschlucken, macht man sich schon bald auf die Suche nach einer anderen

Gemeinschaft. Das hat mit der Wahrheit zu tun, mit der Suche nach der Wahrheit.

Vor einiger Zeit wurde ich wieder mal für einen Menschen mit starkem Glauben gehalten. Im Gespräch mit anderen lande ich ganz schnell beim Thema Glauben. Diesmal sagte mir eine Gesprächspartnerin, die sich für ungläubig hielt, dass sie alle Menschen mit starkem Glauben bewundere. »So welche wie Sie«, sagte sie und sah mir in die Augen.

Ich war gezwungen, sie zu enttäuschen – und zu entlasten. Enttäuschen, weil ich keinen starken Glauben habe und nie einen hatte. Entlasten, weil ich ihr sagte, dass ich die »Stärke« eines Glaubens für unwichtig halte. Die Welt des Glaubens ist eine Freizone, in der es keine Vergleiche und kein Kräftemessen gibt.

Ich erzählte ihr, dass ich schon immer einen kleinen Glauben hatte. Aber einen Glauben an einen großen Gott. Und dass ich damit zufrieden bin. Wichtig ist doch nur, an wen ich glaube. Wenn es um die Tragfähigkeit meines eigenen Glaubens ginge, wäre ich schon längst verloren.

In unserem Gartenhäuschen habe ich vor einiger Zeit ein vergilbtes Blatt gefunden, auf dem einige Zeilen von Lord Alfred Tennyson stehen. Das Blatt muss mehr als zwanzig Jahre an der Wand gehangen haben und stammt aus einem Gedicht, das mit *In memoriam A.H.H.* überschrieben ist. Ursprünglich war unser Gartenhäuschen ein Arbeitszimmer; leider wurde im Laufe der Jahre eine Rumpelkammer daraus, mit lauter Sachen, für die nirgends sonst Platz ist, und so voll, dass man es kaum mehr betreten kann. Aber die Gedichtzeilen machen sich auch zwischen all dem Gerümpel gut:

Er kämpfte gegen seine Zweifel und bekam neue Kraft.
Er wollte nicht sein scharfes Urteilsvermögen verlieren.
Er widerstand allen Hirngespinsten
Und besiegte sie: Und bei alledem fand er am Schluss
Für sich einen stärkeren Glauben.[3]

Als ich meinen Roman *Tusen olevda leven finns inom mig* (*In mir gibt es tausend ungelebte Leben*)[4] schrieb, hielt ich mich eine Woche in der ehrwürdigen Sigtuna-Stiftung auf. Der Pfarrer und Autor Olof Hartman (1906–1982), einer von denen, die maßgeblich dazu beigetragen haben, dass Sigtuna heute Menschen mit ganz unterschiedlichen Glaubenswegen und -auffassungen ein Zuhause bietet, hat ein Buch über den Zweifel geschrieben und einer seiner Essays heißt *Sich zum Glauben durchzweifeln*. Dort weist er darauf hin, dass unser Kampf keinen Eigenwert hat, er hat vielmehr ein Ziel, das Glaube heißt. Und dieser Glaube hat viele kleine Geschwister: Vertrauen, Trost und Gemeinschaft sind nur einige von ihnen.

Ich schätze, dass der Aufsatz *Sich zum Glauben durchzweifeln* vor allem als Ermutigung gedacht war, ein Wasserspender auf der Marathonstrecke, wo ein Zweifler dem anderen Zweifler zuflüstert, dass wir trotz allem auf dem Weg sind und dass es doch schade, jammerschade wäre, wenn wir aufgeben würden.

Manchmal trifft man Menschen, die ihr ganzes Leben im Vertrauen gelebt haben – ohne vor den Problemen geflohen zu sein oder sich bei den Antworten durchgeschummelt zu haben, und man denkt: Wie schön, wenn mir selbst das auch so gegeben wäre. Ja, solche Menschen gibt es, aber die meisten von uns sind »aus dem Paradies vertrieben« worden. Wir können nicht so tun, als sei das Leben einfach und eindeutig. Wir suchen nach Zeichen für Gottes Nähe, aber wir leben oft mit Widersprüchen.

Wohin sollen wir also gehen? Die kurze Antwort heißt: zueinander. Wenn der Zweifel in uns tobt – was uns selbst angeht, unsere Freunde, Gott –, dann brauchen wir echte Gemeinschaft und echten Beistand mehr als dogmatisch richtige Lehrsätze. Deshalb sprechen uns erschütternde Erzählungen an, wenn der Boden unter unseren Füßen bebt. Wir suchen nicht nach jemandem, der uns sagt, was wir tun sollen, sondern jemanden, der es mit uns zusammen tut. Jemanden, der selbst erlebt hat, wie völlig einsam und leer man sich in dieser Welt fühlen kann. Jemanden wie Thomas. Jemanden wie mich, seinen Zwilling.

Einen anderen Menschen finden, darum geht es, da gibt es nichts zu vergeistlichen. Ich möchte ganz einfach daran erinnern, dass wir tatsächlich einander eine Hilfe sein können, auch was den Glauben angeht. Niemand von uns weiß, warum Gott über lange Zeiten ganz stumm und völlig uninteressiert zu sein scheint. Aber vielleicht ist ja genau das, diese Erfahrung, das Wichtigste, das wir einander geben können: einander erzählen, wie es sich anfühlt, um die Einsamkeit zu durchbrechen.

Ich bin genau wie Olof Hartman überzeugt, dass dieser leere Raum – dort, wo Gott sein sollte, aber nicht ist – uns mit dem Christus verbindet, der am Kreuz hängt und auch fragt, warum Gott ihn verlassen hat. In dessen Angst stößt der Zweifler auf seine eigene Situation. Es ist leicht, die eigenen Schmerzen wiederzuerkennen; sie sind dort am Kreuz zu spüren.

Trotzdem frage ich mich, ob Thomas' tiefste Zweifel nicht Zweifel an sich selbst waren. Da war etwas gewesen, das ihn dazu gebracht hatte, alles loszulassen, was er gerade tat, um sich einer Person anzuschließen, die den etablierten Kreisen zumindest suspekt war. Er hatte den Aufbruch gewagt. Und dann endete auf einem Hügel vor den Mauern von Jerusalem alles in einem Fiasko. Während der stillen Woche, die seit Jesu Hinrichtung vergeht, ist das alles, was er weiß. Es ist eine schwer zu ertragende Wahrheit. Und nur im Nachhinein ist es leicht, klüger zu sein.

Welches Fazit zog Thomas? Wie hatte sein Abschied ausgesehen? Wie hatte der Aufbruch geschmeckt? Wir können nur Vermutungen anstellen. Gab es einen Weg zurück oder hatte Thomas alle Brücken hinter sich abgebrochen?

Mein Gefühl sagt mir, dass er gerne seinen Zwilling bei sich gehabt hätte, damit der ihm einen Rat gäbe, wie es weitergehen könnte. Aber vermutlich befand der sich – oder befand sie sich, falls es eine Sie gewesen sein sollte – weit weg, da oben am See Genezareth. Jemand hatte etwas in Thomas gesehen, das keinem anderen aufgefallen war, und in diesem Augenblick war es, als ob eine Blume ihre Blüte entfaltete.

Wer angesehen wird und merkt, dass man ihm etwas zutraut, der wächst. Wer seinen Platz im Leben findet, erblüht – und nimmt dabei erstaunlicherweise keinen fremden Platz ein, nur den eigenen. Dennoch ist unsere Gesellschaft voller Blumen, die nie zur Blüte gelangt sind, Menschen, deren Gaben nie gesehen und in Gebrauch genommen wurden und die den Glauben daran verloren haben, dass gerade sie einen wichtigen Teil zum Ganzen beitragen könnten. Diese Art von Zweifel hat manche vielversprechende Pflanze erstickt und die Welt zu einem ärmeren Ort gemacht.

> *Wer angesehen wird und merkt, dass man ihm etwas zutraut, der wächst. Wer seinen Platz im Leben findet, erblüht – und nimmt dabei erstaunlicherweise keinen fremden Platz ein, nur den eigenen.*

Eines der Bücher, die ich bei meiner Reise auf den Spuren des Thomas immer bei mir trage, ist *Komm, sei mein Licht*, die persönlichen Briefe und Aufzeichnungen von Mutter Teresa. Als diese Erinnerungen und Notizen veröffentlicht wurden und es sich herausstellte, dass Mutter Teresa im Geheimen mit tiefen Zweifeln gekämpft hatte, gab es erstaunlicherweise eine große Aufregung. Das sagt mehr über unsere Zeit aus als über Mutter Teresa oder den Glauben.

Wenn ich ihre Texte lese, höre ich die Stimme eines Menschen, der eigentlich nicht an Gott, sondern stark an sich selbst zweifelt. Hinter ihrem bekannten und oft beschriebenen Lächeln verbarg sich eine tiefe Dunkelheit, ein Gefühl, geistlich zu versagen. »Jesus liebt dich ganz besonders, aber für mich sind die Stille und Leere so groß, dass ich umherschaue und nicht sehe, dass ich lausche und nichts höre – meine Zunge bewegt sich, wenn ich bete, aber sie sagt nichts«, schrieb sie dem Priester Michael van der Peet.

Im April 1961 leitete der Jesuitenpater Joseph Neuner eine Retraite für die Missionarinnen der Nächstenliebe in Kalkutta. Während dieser Zeit führte er ein persönliches Gespräch mit Mutter Teresa, bei dem sich zeigte, wie schwer es ihr fiel, ihre innersten Gefühle auszudrücken. Er bat sie, ihre Erlebnisse aufzuschreiben. Sie schrieb und verwendete sehr häufig den Gedankenstrich als ihr liebstes Satzzeichen, etwas, das immer wieder als Ausdruck ihrer dynamischen und eifrigen Persönlichkeit gedeutet wurde und als Zeichen der Eile, die sie trieb, die nächste Sache in Angriff zu nehmen und keine Zeit mit Unwesentlichem zu vertun.

Sie schreibt: »Ich sehne und sehne mich nach Gott – und dann fühle ich – Er will mich nicht – Er ist nicht da – Gott will mich nicht.« Etwas später beschreibt sie sich als »das unerwünschte Kind seiner Liebe«.

Aber das bremst sie nicht. Ihr Werk blüht und wächst in einem rasanten Tempo. Sie wird vorangetrieben. Nicht von Selbstsicherheit, aber von der Gewissheit, dass sie genau das tun soll, was sie tut. Egal wie es sich anfühlt, sie ist bereit, ihr Leben uneingeschränkt für das hinzugeben, was sie nun durchgehend mit großen Anfangsbuchstaben beginnen lässt: Außer »Gott« schreibt sie auch »Beichte«, »Lächeln«, »die Armen« oder »unsere Armen« auch im Englischen stets mit Großbuchstaben.

Die Armen, das sind die Menschen in Kalkutta und dann überall in der Welt, deren Lebensumstände sie durch ihre Mitarbeiterinnen verbessert, welche sich bald Missionaries of Charity nennen, die Missionarinnen der

Nächstenliebe oder auch der Barmherzigkeit. Als Mutter Teresa stirbt, hat sie 517 Missionsstationen in über hundert Ländern gegründet. Im Rückblick auf ihr Leben gewinnt man den Eindruck, dass sie ohne ihre Zweifel nie die geworden wäre, die sie war. Und dass der Weg, der einen voranbringt, mehr über das Tun führt als über das Denken. Seinen Platz zu finden, ist nicht dasselbe wie immer zufrieden zu sein. Zeiten des Kampfs gehören dazu. Aber es ist ein guter Kampf.

Thomas weiß noch nicht, welch große Herausforderungen auf ihn warten. Er wird eine lange Reise machen, eine Reise in das Erblühen, von dem er bisher nur einen Vorgeschmack bekommen hat. Ich selbst werde auch weiterreisen: in die Gegend, in der alles begann, zu dem kleinen Fleckchen auf der Weltkarte, das zur Wiege unserer Geschichtsschreibung wurde: Galiläa.

Auch er kam aus dem Norden

Ich nehme einen Flug von Stuttgart nach Tel Aviv und fahre von dort mit dem Auto die etwa 140 Kilometer nach Tiberias. Durch die biblische Landschaft führen jetzt Schnellstraßen. Letztlich gibt es nur einen Grund, warum ich diese Reise mache: weil Orte manchmal etwas erzählen, das man beim Lesen über diese Orte nicht erfährt. Die Position des Betrachters entscheidet darüber, was man sieht, heißt es. Aber die Position entscheidet auch darüber, was man fühlt.

Der See Genezareth liegt im großen Grabenbruch, der sich von Zentralafrika bis zur Türkei erstreckt. Doch das Hügelland nahe des Sees lässt einen manchmal glauben, man sei in Schottland. Gerade die Umgebung, in der ich bin, hat eine verblüffende Ähnlichkeit mit den langen Wegen hinaus zum Fähranleger, von dem aus man zur Klosterinsel Iona kommt, die ich vor einigen Jahren mit meinem Sohn und meinem Bruder besucht habe: grasbewachsene, sanft gewellte Hügel, die plötzlich abfallen und gefährlich steil werden.

Man befindet sich hier an einem sehr tiefen Punkt der Erde, mehr als zweihundert Meter unter dem Meeresspiegel. Der See Genezareth ist der am tiefsten gelegene Süßwassersee der Welt und nach dem Toten Meer der am zweittiefsten gelegene See überhaupt. Von hier aus, von diesem tiefen Ort ausgehend, begann die Lebensreise von Thomas dem Zwilling.

Ich habe immer das Gefühl gehabt, dass Thomas sein Leben lang aus einer unterlegenen Position heraus handelte. Er kam buchstäblich von ganz unten. Vielleicht ist das einer der Gründe dafür, dass sich so viele Menschen mit ihm identifizieren können. In einem der kleinen Dörfer oder Städtchen in Galiläa wuchs er auf, und selbst wenn einige Legenden ihn zum Tischler machen wollen, ist es wahrscheinlicher, dass er Fischer war. Das waren nun mal die allermeisten jungen Männer, die damals hier groß wurden.

Ich nehme ein Zimmer in einem ziemlich schäbigen Hotel, denn es hat, was ich suche: eine Terrasse, die auf den See Genezareth hinausgeht, und Menschen um mich her, die ganz mit ihren eigenen Dingen beschäftigt sind. Fünf Frühsommertage lang bewege ich mich von diesem Ort kaum fort und sitze auf der Terrasse, die wie über dem See zu hängen scheint.

Ich versuche mich hineinzudenken: Wie sah es hier aus, damals, als sich das alles begab? Ich bin genau zu Beginn des Sabbats angekommen und empfinde den Ort als auffallend still. Der See ist ruhig. Die Boote verlassen den

Hafen, ohne eine akustische Spur zu hinterlassen. Hier weht normalerweise ein steter Wind, immer aus derselben Richtung, aber heute geht kein Lüftchen. Ich weiß, dass der See wegen seiner Lage zwischen den steilen Hängen meist vor Stürmen geschützt ist, aber wenn der Wind plötzlich die Richtung wechselt, kann er unberechenbar und für Segler gefährlich werden, und das, obwohl er relativ klein ist.

Irgendwo hier in der Nähe, vielleicht in Kapernaum, kreuzte Thomas' Weg den des Wanderpredigers, der seine Träume wachrief. Man kann sich fragen, was Thomas in der Begegnung mit dem Mann aus Nazareth fand. Was war so stark, dass es ihn mit dem Arbeitsleben, mit der Kultur und mit über Generationen reichende Blutsbande brechen ließ? War es das Gefühl, gefunden worden zu sein? Dass etwas in seinem Leben aufgetaucht war, das nicht um Erlaubnis gefragt hatte? Thomas wurde gesehen, in den Arm genommen und herausgefordert. Wir wissen nichts von dieser Begegnung. Vielleicht war das stille Wasser dort draußen der einzige Zeuge des Geschehens. Die Berufung des Thomas wird in den biblischen Texten nur in der Aufzählung der anderen, die Jesus folgten, erwähnt.

Natürlich hätte er auch Nein sagen und bei seinen Leisten, oder besser: Netzen, bleiben können. Aber gab es diese Alternative wirklich noch, nachdem er den getroffen hatte, der seine Träume zum Leben erweckt hatte?

In der Antike war es nicht ungewöhnlich, dass jemand Jünger um sich sammelte. Jeder Lehrer, egal welcher Disziplin, hatte seine Anhänger. Normalerweise suchte ein lernwilliger junger Mann einen Meister auf und bat ihn darum, sein Schüler werden zu dürfen. Jesus scheint es umgekehrt gemacht zu haben. Er suchte sich die, die er haben wollte, und um ehrlich zu sein, zeigte er bei der Auswahl nicht immer ein glückliches Händchen: ein Betrüger, ein Zweifler, ein Verräter, zwei hitzige Brüder und ein Steuereintreiber mit schlechtem Leumund kamen da zusammen.

Was sah er in Thomas? Warum wollte er einen Skeptiker dabeihaben? Es scheint, als ob der Meister Menschen suchte, die in sich so etwas wie einen Splitter, einen winzigen Teil der neuen Weltordnung trugen, die aufzurichten er gekommen war. Er baute nicht gleich ein komplettes Team auf, er sammelte seine Leute über einen längeren Zeitraum. Das machte die Sache nicht gerade einfach, aber er wollte, dass sie seinen Traum teilten und die Chance bekamen, ihren Beitrag zu leisten.

Wofür brauchen wir Träume? Weil träumen leben bedeutet – wer nicht träumt, stirbt. Ohne Träume erlischt unser Leben nach und nach. Wo Träume fehlen oder unterdrückt werden, geschieht keine Entwicklung, gibt es keine Zukunft. Es ist, als müsste die Zukunft immer herbeigeträumt werden. Alles beginnt mit einem Traum, und der weckt Kampfeslust und Arbeitswillen.

Wir müssen das Wort »Träumer« neu füllen, denn in unserem Sprachgebrauch bezeichnet es üblicherweise jemanden, der ins Blaue hineinlebt und nie etwas fertigbekommt. Dabei ist es genau anders herum: Träume haben Kraft, sie spenden Energie und geben Mut, über Hindernisse zu springen, sie geben dem, was man innerlich vor Augen hat, eine Richtung.

Ich glaube, dass Thomas dem Meister mit Ja antwortete, weil die Vision, die Jesus ihm vor Augen malte, dem Traum entsprach, den er selbst in sich trug. Der Aufbruch war sicher mit vielen Schmerzen verbunden. Wer es wagt, neue Wege zu gehen, wird leicht von denen verurteilt, die um jeden Preis am Alten festhalten wollen. Niemand hat das besser geschildert als der französisch-schwedische Autor Claude Kayat in seinem im Umfang bescheidenen Roman *Le Treizième Disciple* (*Der dreizehnte Jünger*)[5]. Dort beschreibt er, wie Jesus unerwartet und ungebeten in die Werkstatt des jungen Schmieds Hesekiel tritt und ihn ohne Umschweife bittet, sein dreizehnter Jünger zu werden und ihm jetzt gleich zu folgen. Aber Hesekiel ist unsicher, was Jesus angeht, außerdem will er am nächsten Tag Mirjam heiraten. Sein Vater und sein Schwiegervater sind Jesus gegenüber und den Ansprüchen, die er stellt, offen feindselig gesinnt, und die Art und Weise, in der Jesus ihn anspricht, macht die Sache nur noch schwieriger. Ein Aufbruch wäre ein Bruch mit so vielem, das sicher und gewohnt ist.

Ich glaube, dass Thomas dem Meister mit Ja antwortete, weil die Vision, die Jesus ihm vor Augen malte, dem Traum entsprach, den er selbst in sich trug.

Was ich von diesem Hesekiel lese, scheint mir eine mögliche Beschreibung des Kampfes zu sein, den Thomas geführt haben muss. Nicht selten werden die Träume von denen zunichte gemacht, die uns am nächsten stehen, der Familie und den Freunden. Was Thomas angeht, wissen wir nichts von ihnen. Womöglich war er verheiratet;

einer der anderen Jünger war es. Ich hoffe, dass es nicht so war. Ich will nicht, dass er seine Familie im Stich ließ. Vielleicht war er ein junger Witwer (aber ich hoffe, dass er auch das nicht war). Das Einzige, was wir wissen, ist, dass er mit Jesus ging. Er lässt alles stehen und liegen und geht.

Hier beginnt die lange Reise. Die Reise, die auf einer Anhöhe außerhalb von Chennai an der indischen Ostküste enden wird. Mit einer Lanze im Rücken.

In der ersten Zeit ging Jesus mit der zusammengewürfelten Schar von Stadt zu Stadt, von Dorf zu Dorf. Das hört sich romantischer an, als es war. Im Sommer kann es in dieser Gegend wegen der Lage in einer Senke, beinahe einem Kessel, unerträglich heiß werden. Im Winter ist es sehr kalt.

Die meisten nehmen an, dass es der Ort Kapernaum war, der zum Epizentrum des kleinen Kreises um Jesus und sein Wirken wurde; eine strategische Wahl, wenn es um den richtigen Ausgangspunkt für jemanden geht, der weltumspannende Träume hat. Die kleine Stadt lag in der Antike an einem Handelsweg. Via Maris, Meeresweg, hieß er und verband Mesopotamien und Damaskus mit dem Mittelmeer und Ägypten. Der Weg führte über das ländliche Umland von Genezareth und sicherlich mitten hinein in die Stadt. Man nimmt an, dass Kapernaum außerdem der Sitz der Steuerbehörde war, was für noch mehr Menschen ein Grund gewesen wäre, dorthin zu reisen.

Schon im ersten Jahrhundert war Kapernaum ein kosmopolitischer Ort. Handelsreisende von anderen

Kontinenten fanden den Weg hierhin und ich stelle mir vor, dass Thomas mit seiner Neugierde und seinem Wissensdurst mehr als einmal mit Reisenden zusammensaß, die ihm vom Leben am anderen Ende der Handelsstraße berichteten. Und sicher auch von den vielen Juden, die sich damals schon an anderen Orten der Welt niedergelassen hatten.

Kapernaum trifft auf die Welt. Und ich begreife, dass diese Tatsache ein wichtiges Puzzleteil sein kann, um Thomas zu verstehen. Er hört eine Geschichte, die größer ist als die Geschichten aus dem eigenen Viertel. Und wenn man eine solche Geschichte einmal gehört hat, wird man sie nie wieder los.

Jesus gibt denen, die er in seine Nachfolge beruft, nicht einen Job; er stellt ihre Träume in einen großen Zusammenhang, in ein Bild, groß genug, um ihren kühnsten Erwartungen gerecht zu werden. Als er sie bittet, ihm zu folgen, verspricht er, sie zu Menschenfischern zu machen. Er benutzt dabei das Verb *poieo*, »ich mache«, das mit unserem heutigen Wort Poesie verwandt ist, und ich glaube, er möchte damit ausdrücken, dass nicht vorherbestimmt ist, wie dieser Auftrag sich gestaltet. Es muss nicht so geschehen, wie er selbst es getan hat. Der Auftrag entsteht in der Begegnung mit dem, der die Herausforderung annimmt, sie in seine eigenen Hände nimmt und – zum Beispiel – auf seine eigene Weise davon berichtet. Das Bild vom Menschenfischer wiederum lag nahe, schließlich wimmelte die Gegend von Fischern und Fischerbooten.

Schon vom ersten Tag an war klar, dass der Meister

nicht einfach Personal für sein Team suchte. Er sah das Potenzial in den Menschen. Er sah, wer sie waren, und musste das nicht korrigieren. Aber er sah auch, was sie werden wollten und konnten. Diese beiden Aussagen stehen nicht im Widerspruch zueinander.

Die Gruppe, die ihm folgte, war vermutlich größer, und aus dieser Gruppe wählte Jesus diejenigen aus, die sein Schicksal teilen sollten. Alles scheint ganz schnell gegangen zu sein, aber es gibt natürlich eine Vorgeschichte. In meiner Woche am See Genezareth versuche ich mich in diese Vorgeschichte hineinzuleben: Was geschah hier, an diesem kurzen Stück Seeufer, wo sich die Berufung abspielte?

»Du hörtest einen Ruf, und deshalb gehst du«, singt Tomas Andersson Wij. Vielleicht war es so einfach. Berufungen können ganz verschieden aussehen. Gemeinsam ist ihnen, dass der Berufene in dem, was er lebt, nicht ganz zu Hause ist, dass er tief in sich weiß, dass er dort nicht weiterwachsen kann.

Berufungen können ganz verschieden aussehen. Gemeinsam ist ihnen, dass der Berufene in dem, was er lebt, nicht ganz zu Hause ist, dass er tief in sich weiß, dass er dort nicht weiterwachsen kann.

Ich löse mich von der Terrasse, um hier im Viertel eine Falafel zu essen, und kehre wieder zurück. Ich versuche meinen rastlosen Körper dazu zu bringen, einfach nur dazusitzen, und beobachte, wie sich der See draußen ständig verändert. Oft ruht über ihm ein seidiger Dunst und verstärkt das Gefühl, an einem mystischen Ort zu sein. Dieser See hat einen Zauber. Als würde er ein Geheimnis in sich tragen. Dasselbe Gefühl habe ich immer gehabt, wenn ich am Ångermanälven stand, dem großen Fluss meiner nordschwedischen Heimat.

Das Bild meiner Sonntagsschulklasse der Phildadelphiagemeinde in Kramfors taucht vor mir auf. Ganz unten in der linken Ecke, etwas von den anderen abgerückt, sitze ich. Ich bin vier Jahre alt; das Bild wurde im Sommer 1963 aufgenommen. Ich lutsche am Daumen und fasse mit meiner anderen Hand ans Ohrläppchen. Das war meine übliche Haltung, die ich beibehielt, bis ich in die zweite Klasse kam. Mein großer Bruder Göran mit seinem gestreiften Pullover steht schräg hinter mir und sieht viel erwachsener und viel selbstsicherer aus. Und vor allem glücklicher.

Mein Vater ist nicht auf dem Bild. Warum nicht? Er war doch der Sonntagsschullehrer. Vermutlich war er auf einer seiner Handelsreisen im Norden des Landes unterwegs und verkaufte Textilien. Mein Vater starb viel zu früh. Leider geschieht es, dass Menschen so früh gehen. Die Eltern, die auf dem Bild zu sehen sind, sehen ziemlich alt aus, aber sie sind weit jünger, als ich heute bin. Ich bin jetzt 57, und sie waren sicher alle noch in den Vierzigern, als die Aufnahme gemacht wurde.

Ich erinnere mich nicht mehr, an welchem Tag genau und aus welchem Anlass dieses Bild gemacht wurde, aber ich erinnere mich gut an die fantastischen Sonntagsschulgeschichten, an die Flanelltafel, an den Geruch der filzbekleideten Figuren und dass man einen goldenen Stern bekam, wenn man einen Freund mitbrachte.

Von diesem Sonntagsschulkind findet sich immer

noch überraschend viel in mir, auch wenn es sich anfühlt, als sei in der Zwischenzeit ein ganzes Leben vorübergegangen, sogar viele Leben. Wenn es möglich wäre, würde ich mich gern für einen Moment auf dem leeren Platz neben diesem kleinen Jungen niederlassen, der ich gewesen sein muss und der da stillsitzt. Vielleicht könnte ich ihn nach einer Weile fragen: Woran denkst du gerade?

Dann, nach einer weiteren Weile, würde ich ihm von ein paar Sachen erzählen, die ich längs meines Weges entdeckt habe und von denen ich meine, dass sie ihm nützlich sein könnten. Ich könnte ihm sicher einiges dazu sagen, wie das Leben eines Menschen Form annimmt. Das hört sich jetzt hochtrabender an, als es ist; das meiste kommt, wie es kommt. Aber ich bin der Meinung, dass man so die Bekümmernisse eines Lebens von Anfang an auf etwa die Hälfte reduzieren könnte.

Als ich jung war, glaubte ich, dass es allein an mir liegt, gute Pläne zu machen und kluge Entscheidungen zu fällen. Heute weiß ich, dass das Leben gibt und nimmt und dass man darauf mit großer Beweglichkeit reagieren muss. Ich würde dem kleinen Jungen gern zuflüstern: Auf, mach mit! Neugierde, Zuhören, Aufmerksamkeit und Flexibilität wiegen auf lange Sicht schwerer als Entschlossenheit.

Als ich jung war, glaubte ich, dass es allein an mir liegt, gute Pläne zu machen und kluge Entscheidungen zu fällen. Heute weiß ich, dass das Leben gibt und nimmt und dass man darauf mit großer Beweglichkeit reagieren muss.

In dem Glauben, der mich seit meinen Sonntagsschuljahren getragen hat, wurde diese Haltung Zuversicht genannt. Ich würde dem kleinen Jungen dieses Wort gern reichen und sagen: Du darfst es aus meiner zitternden Hand nehmen, und wenn du dir vorstellen kannst, den festen Griff an dein Ohr mal für eine Weile zu lösen, dann wünsche ich mir, dass du dieses Wort in deiner offenen Hand hältst, ungefähr so, wie man einen verletzten Vogel hält.
Zuversicht heißt auf Schwedisch *förtröstan* und enthält das Wort *tröst*, Trost. Es spricht davon, dass man an den Trost zu glauben wagt, ehe man ihn erfährt, darauf vertraut, dass es gut wird. Und wenn es nicht gut wird, dann werden die Dinge sich dennoch auf eine wundersame Weise ordnen.

Thomas ist einer von denen, die in den biblischen Schilderungen rund um die Jünger Jesu nur einen ganz kleinen Platz einnimmt. Andere machen sich breit; so ist das immer. Aber von den wenigen kurzen Einblicken, die das Neue Testament uns gewährt, ahnen wir, dass die Menschen, die dicht neben ihm lebten, bei ihm eine bemerkenswerte Entwicklung beobachten konnten – eben so als würde eine Blume zur Blüte gelangen, wie er nach vorne geht und von diesem unsicheren Jünger zum mutigsten wird.

Thomas wuchs auch »im Norden« auf, im nördlichsten Teil von Israel. Galiläa, dort oben, bei den Golanhöhen, war eine entlegene Gegend mit schlechtem Ruf. Über das galiläische Nazareth sagte man: »Kann denn aus Nazareth etwas Gutes kommen?« (Johannes 1,46).

Als Thomas hier aufwuchs, war die Gegend rund um den See Genezareth der am dichtesten besiedelte Teil Israels. Hier gab es gute Fischgründe, die vielen Menschen eine Lebensgrundlage boten. Es heißt, dass sich auf dem See damals rund fünftausend Fischerboote befanden.

Die allermeisten jungen Männer, die hier aufwuchsen, verließen nie ihre Heimat. Man erbte das Handwerk des Vaters, der es von seinem Vater geerbt hatte. Der Platz, den man ausfüllen sollte, war schon da. Das Leben kannte wenig Bewegung. Man erreichte ungefähr das, was die Eltern auch schon erreicht hatten.

So sah das Leben aus, seit Generationen. In einem nach außen hin stillstehenden Leben, das für die meisten vorherbestimmt war, wird Thomas zu einem, der das Muster durchbricht. Was diesem anscheinend plötzlichen Aufbruch vorangegangen sein mag, wissen wir nicht. Thomas war ja ein Zwilling, und das hätte in diesem Fall auch ein denkbarer Grund dafür sein können, dass er *nicht* aufgebrochen wäre – genau wie es der Grund für seinen Aufbruch gewesen sein könnte. Vielleicht wollte er sich frei machen, seine eigene Identität finden und sich vom Zwilling zu Thomas entwickeln.

Dass der biblische Thomas wirklich ein Zwilling war, wird durch die Tatsache gestützt, dass er in einer Kultur aufwuchs, in der der Name immer eine Bedeutung hatte. Anhand des Namens konnte man etwas über die Person erfahren. Darüber hinaus hatte er den griechischen Rufnamen Didymos, der ebenfalls Zwilling bedeutet. Viele glauben, dass Didymos eher ein Titel als ein Name war, und da beginnt man zu ahnen, wie stark er mit seinem

Zwillingsbruder oder seiner Zwillingsschwester verbunden gewesen sein muss.

Das Wort Zwilling steht für Gleiche oder Ähnliche: Es gab da noch einen, einen, der äußerlich gleich ist. Der Name Thomas ist auch dem Atom (*a-tom*) ähnlich, was ja unteilbar heißt. Viele Zwillinge, mit denen ich gesprochen habe, haben mir erzählt, dass sie oft als eine unteilbare Einheit betrachtet werden. Mir fällt dabei ein, dass in unserer Straße zu Hause Zwillinge wohnen – und ich bin mir immer noch nicht sicher, wer wer ist. Psychologen sagen, dass die Namensgebung im Fall von Zwillingen viel wichtiger ist, als wenn es sich um ein einzelnes Kind handelt, weil der Name das Bewusstsein stärkt, ein eigener Mensch zu sein.

Die schrittweise Ablösung eines Kindes von seinen Eltern, das Sich-auseinander-Entwickeln, ist ein Prozess, von dem viele Forscher glauben, er beginne bereits im Mutterleib. In diesem Prozess entsteht ein »Ich bin«. Für Zwillinge kann er problematisch sein, denn sie müssen sich sowohl von der Mutter als auch vom anderen Zwilling wegentwickeln. Es ist eine ganz spezielle Verbindung – körperlich wie psychisch –, in die Zwillinge hineingeboren werden. Bei ihrer Geburt haben sie schon sieben bis neun Monate einen engen Raum geteilt. Nicht selten fühlen sich Zwillinge unsicher, wenn sie getrennt werden, und diese Unsicherheit bleibt oft lange bestehen. In allen Kulturen wird Zwillingen besondere Aufmerksamkeit entgegengebracht, und in vielen Religionen gibt es Zwillingsgottheiten.

Die Stadt Kramfors hat nicht viel, womit sie angeben

könnte, ihr fehlt auch das kleinste bisschen Glamour. Dennoch hat sie ihren eigenen Charme, wie jede Stadt. Auf dem Weg von Skarpåker, wo ich aufwuchs, zu der Schule in Kramfors, in die ich ging, liegt ein Hügel. Auf diesem Hügel lag ein schönes Sechzigerjahrebauwerk und darin die Arztpraxis von Doktor Bark. Aber das Gebäude wurde abgerissen und der Hügel wurde eingeebnet, um einem gigantischen Supermarkt Platz zu machen, und das, obwohl zwei andere Supermärkte direkt gegenüber liegen. Jetzt gibt es dort drei Märkte und keinen Hügel mehr.

Nein, die Schönheit von Kramfors liegt etwas abseits der Stadt, an dem Stück Flussufer, das Hochküste genannt wird und wie herausgeschlagen ist aus den hohen Bergen, die steil abfallen in das dunkle und unglaublich fischreiche Flusswasser.

Mein Vater war Handelsreisender. Auf dem Briefbogen der Aktiengesellschaft Lundberg & Sjödin stand: »Unser Handelsvertreter Gösta Sjödin wird Ihnen in nächster Zeit einen Besuch abstatten. Wir wären Ihnen dankbar, wenn Sie unsere Textilwarenkollektion zur alsbaldigen Lieferung in Ihr Sortiment aufnehmen könnten.« Die Lundberg & Sjödin AG vertrieb Textilien, Manufaktur- und Kurzwaren. Letzteres ist ein wunderbares Wort, das wir nicht aussortieren sollten. »Kurzwaren« bezeichneten eine Reihe merkwürdiger Produkte wie Trauerschleifen und Knöpfe, im Schwedischen war es damals aber auch eine diskrete Bezeichnung für Unterwäsche – ziemlich lustig, wenn man bedenkt, dass *lange* Unterhosen zu den *Kurz*waren gehörten.

Wenn Papa »draußen« war, rief er fast jeden Abend

an, von Orten, die Namen hatten wie Blattnickelse, Storuman oder Sorsele, und er erzählte uns, dass die Geschäfte gut liefen, dass er sich aber sehr nach uns sehnte.

Mama arbeitete in der Buchhandlung Åströms Nachf. Es war ein Laden im alten Stil, mit hohen Regalen und Leitern, die von Regal zu Regal geschoben wurden. Vielleicht habe ich ja dort meine ersten literarischen Impulse erhalten, auch wenn es noch Jahre dauern sollte, bis ich mit dem Schreiben begann.

Meine geistlichen Wurzeln reichen tief in freikirchlichen Boden hinein, genauer: in den der Pfingstbewegung. Mein Vater und seine Brüder Harry, Martin und Anton verließen zusammen mit meiner Großmutter Alma die Heilsarmee; da war mein Vater 17 oder 18 Jahre alt. Aus dem Briefwechsel zwischen ihm und seiner Mutter, den wir immer noch aufbewahren, wird deutlich, dass es die Frage nach der Taufe war, wegen der sie die Heilsarmee verließen (in der heute übrigens gar nicht mehr getauft wird), um sich stattdessen der damals gerade neu gegründeten Philadelphiagemeinde in Kramfors anzuschließen.

Meine Mutter war 15 Jahre alt, als sie zum Glauben fand. In ihrem Elternhaus hatte man für die »Pfingstfreunde« nicht viel übrig. Als sie nach Hause kam und ihrer Mutter erzählte, dass sie sich taufen lassen wolle, traf sie auf sehr gemischte Gefühle. War das denn notwendig? Wusste sie, worauf sie sich da einließ? Meine Mutter musste ihrem Vater, der bei den Straßenarbeitern in der Nähe von Resele arbeitete, einen Brief schreiben und ihn um Erlaubnis fragen.

Er antwortete: »In diesem Lande herrscht Religionsfreiheit. Aber eine Sache musst du mir versprechen:

Wenn du dich taufen lässt, dann möchte ich, dass du jeden Tag die Bibel liest.«

Ich finde, das war eine sehr gute Antwort. Als wollte er sagen: »Das ist nicht mein Weg, aber wenn du ihn gehst, dann gehe ihn richtig.«

Von heute aus betrachtet kann ich sagen, dass ich von beidem geprägt wurde: vom unerschütterlichen »Das wird sich schon regeln«-Glauben meines Vaters und von der leicht zu erregenden Seele meiner Mutter und ihrem zarten Gewissen, das sich manchmal regelrecht körperlich bemerkbar machte. Ich bewundere ihre geistliche Feinfühligkeit, auch wenn ich verstehen kann, dass sie nicht immer leicht zu ertragen ist.

Ich wuchs also in der Philadelphiagemeinde auf, und an diese Zeit habe ich nur gute Erinnerungen. Ich weiß von anderen Menschen, dass sie in diesem kirchlichen Milieu verwundet wurden, dass dort mit harter Hand regiert wurde, dass Moral in Moralismus umschlug. Ich treffe manchmal solche Menschen und weiß, dass sie ihre Geschichten nicht erfunden haben. Dass ich selbst gute Erinnerungen habe, liegt meines Erachtens in hohem Maße an meinen Eltern. Die Erfahrungen, die wir in einem bestimmten Umfeld machen, sind weniger stark als das, was wir in unserer unmittelbaren Nähe erleben, meist also bei den Eltern, manchmal auch bei einem Jugendleiter oder einem anderen Erwachsenen. Das Gottesbild, das uns in der Philadelphiagemeinde vermittelt wurde, war freundlich und unkompliziert. Gott war der Gott der Möglichkeiten, und dieses Bild bewahre ich wie einen kostbaren Schatz.

Meine Teenagerjahre waren eine Mischung aus Gebetsversammlungen und dem Herumbasteln an Mopeds und alten Autos. Mir war eine unbeschwerte Seele gegeben und ich sah der Zukunft mit Neugier entgegen. Die Gemeinde wurde, ohne dass ich überhaupt darüber nachgedacht hätte, ein wesentlicher Teil meines Lebens. Der Weg meiner Familie wurde zu meinem Weg.

Mein Galiläa hieß Ådalen. Mein See Genezareth war der Ångermanälven. Das Netz, in dem ich lebte, war gewoben aus Textilien und Saitenspiel. Für mich gab es eine Zukunft, ohne Zweifel. Aber es gab doch einen Augenblick in meinen späteren Teenagerjahren, der alles veränderte.

Es war Sommer und ich nahm in Vallen bei Nordingrå an einem Gottesdienst teil, der in einem großen Zelt stattfand. Zeltmission war damals etwas ganz Normales. Es war eine Art Campingleben für die ganze Gemeinde, und obwohl seitdem mehr als 35 Jahre vergangen sind, kann ich immer noch den Geruch von verdorrtem Gras und von Zeltplanen riechen und den Klang der Seile hören, die auf das Zeltdach schlugen, wenn es windig war.

Gegen Ende des Gottesdienstes geschah etwas. Ich weiß, dass ich nach vorne ging und mich im Gang vor die selbst gezimmerte Bühne stellte, damit jemand für mich betete. Das geschah auch, und der da für mich betete, legte seinen Arm um meine Schultern. Das Ganze war völlig undramatisch; schon oft hatte jemand für mich gebetet. Auf das aber, was danach geschah, war ich nicht vorbereitet. Und in all den Jahren, die seitdem vergangen sind, habe ich mich immer damit schwergetan, die richtigen Worte zu finden, um zu beschreiben, was damals meine Seele berührte. Jemand erinnerte mich, dass ich etwas in mir trug, etwas, das immer schon da gewesen war, aber nun zeigte der Finger in eine bestimmte Richtung. Da gab es eine Sache, mit der mein Leben bis jetzt noch nicht verbunden war. Da war ein Platz, auf den ich meine Füße stellen sollte, um Heimat zu finden.

Ich war der Zwilling Thomas; ich stand da und säuberte mein Netz, als der Meister vorbeiging und auf mich zeigte. Es mag größenwahnsinnig scheinen, so etwas auch nur zu denken, und es aufzuschreiben ist noch schlimmer. Aber dieser Augenblick damals hat mich bis heute getragen. Ich glaube, dass ich genau in diesem Moment vom Kinderglauben zum Erwachsenenglauben vorangekommen bin, vom geerbten Glauben zum eigenen, und ich erinnere mich daran, als hätte ich meinen Namen gehört, ausgesprochen, wie ich ihn noch nie ausgesprochen gehört hatte, als fragte jemand: »Willst du?«

Ich fühlte mich bis in mein Innerstes unwürdig. Aber ich verstand auch, dass in mir etwas war, dem ich bis jetzt noch nicht erlaubt hatte, zum Vorschein zu kommen. Und ich sagte Ja! Nicht laut, nicht zu irgendjemandem, nur zu mir selbst. Und zu Gott.

Ich fühlte mich bis in mein Innerstes unwürdig. Aber ich verstand auch, dass in mir etwas war, dem ich bis jetzt noch nicht erlaubt hatte, zum Vorschein zu kommen. Und ich sagte Ja!

Ich betrachte dieses Ja als das wichtigste Ja meines Lebens. Ein Ja, das allen anderen Jas des Lebens vorausging.

Auch denen, die mich viel kosteten. Auch dem Ja zum Weiterleben und dazu, weiterzuglauben, dass ich immer noch etwas zu geben habe. Ich sagte dieses Ja, ich, der ich nur ein schlaksiger 19-Jähriger war, einer, der im vorhergehenden Jahr auf alle erdenklichen Arten an sich selbst gezweifelt hatte, überzeugt, dass er den Rest seines Lebens damit zubringen würde, eine eigentlich unbezahlbare Schuld zu begleichen.

Im vorhergehenden Sommer war ich in einen Unfall verwickelt gewesen, genauer: hatte ich einen Unfall verursacht, der das Leben meines besten Freundes ausgelöscht hatte. Er hieß Göran, und wir waren Kumpel, die dabei waren, gemeinsam erwachsen zu werden. Wir planten für diesen Sommer eine lange Reise, spürten, wie alles offen vor uns lag und dass wir wohin auch immer gelangen könnten.

Wir hatten im Lauf einer Woche neue Lautsprecher in meinen VW Käfer montiert. An dem verhängnisvollen Samstag fuhren wir von zu Hause aus Richtung Fissja und genossen unsere Freiheit. Das Auto geriet ins Schleudern, rutschte von der Straße und überschlug sich. Der Rest ist nichts als eine finstere, aber unauslöschliche Erinnerung. Geräusche, die ich auch jetzt, fast vierzig Jahre später, manchmal nachts noch höre.

Ich kletterte – äußerlich unversehrt – aus den Resten des blauen Käfers, den wir für tausend Kronen gekauft hatten, aber Görans Erdenleben endete an diesem Ort. Göran hatte es geschafft, in seinem kurzen Leben vielen Menschen unendlich viel zu bedeuten. Auch mir.

Die Zeit nach Görans Tod war voller Erschütterungen. Wie sie für seine Familie gewesen sein muss, kann ich mir noch nicht einmal vorstellen. Ich selbst marterte mich mit Schuldgefühlen. Alle versuchten mir klarzumachen, dass es einfach ein Unglück war, aber sie konnten die anklagenden Stimmen in meinem Inneren nicht übertönen. Der selbstverständliche Glaube, den ich von zu Hause mitbekommen hatte, war plötzlich alles andere als selbstverständlich.

Es gab so viel Gutes in der Philadelphiagemeinde, so viele gute Menschen. Aber im Rückblick sehe ich auch, was es dort nicht gab: Es fehlte eine Sprache für das Dunkle, für das Gefühl der Gottesferne und für das unruhige Gewissen, das einem sagt, man sei aus der Gnade gefallen. Dieses Fehlen entdeckte man erst, wenn man sich selbst im Dunkel wiederfand. Es erfordert nämlich eine Art Nachtsichtbrille.

Ich blieb ein frühreifer Teenager. Aber ich erlebte auch – ich, der ich immer ein von Natur aus unbeschwerter Mensch gewesen war –, wie ein dunkler Schatten über mein Leben fiel, ein Schatten, der für mein ganzes weiteres Leben bei mir geblieben ist. Und dennoch, in den Jahren, die auf diesen Unfall folgten, empfing ich all das Gute und Hoffnungsvolle, von dem ich erzählen kann: die Erfahrung, dass Wege nicht immer dort enden, wo man glaubt, sie seien zu Ende; dass das Leben eine erstaunliche Fähigkeit hat, wieder auf die Füße zu kommen, selbst wenn sich alles auf fürchterlichste Weise überschlagen hat.

Reise mit dem Wind

Wenn man verstanden hat, welches Ja man für sein Leben gegeben hat, ist die Fortsetzung eigentlich ganz einfach. Man muss sich nur in Bewegung setzen.

So knapp, wie die Angaben zu Thomas in der Bibel sind, so detailreich sind die Legenden rund um seine Person. Schon früh erblühte eine Fülle von Apostel-Geschichten und Thomas ist davon nicht ausgenommen. Dazu gehören die sogenannten *Thomasakten*, auch *Apostelgeschichte des Thomas* genannt (und nicht zu verwechseln mit dem *Thomasevangelium*), eine Textsammlung, die mittelalterlichen Heiligengeschichten ähnelt, aber schon um das Jahr 225 n.Chr. verfasst wurde, vermutlich in Edessa, einer Stadt in der heutigen Türkei.

In den Thomasakten wird unter anderem erzählt, welcher Herausforderung sich die jungen Fischer stellten, die dem umherwandernden Prediger aus Nazareth folgten: »Geht in die ganze Welt«, hatte er gesagt. Zu allen. Zuerst sollte die Botschaft die Juden erreichen, aber die lebten zu dieser Zeit bereits zerstreut über verschiedene Teile der Welt. Keine kleine Sache für ein paar junge Männer, die bis dahin kaum einen Fuß außerhalb Galiläas oder Judäas gesetzt hatten.

Die Thomasakten erzählen, dass sich die Jünger nach Jesu Himmelfahrt versammelten und die damals bekannte Welt in einzelne Missionsfelder aufteilten. Diese Verteilung soll durch das Los geschehen sein. Thomas' Los fiel auf Indien. Aber er wollte nicht nach Indien. Wegen seiner körperlichen Schwäche hielt er sich für reiseunfähig. Außerdem fühlte er sich der Aufgabe nicht gewachsen. »Wie soll ich, der ich ein Hebräer bin, den Indern die Wahrheit verkündigen?«, fragte er, als klar war, dass er das schwierigste Los gezogen hatte. »Sendet mich irgendwohin, aber nicht nach Indien!« Mitten in der Diskussion, die nun entstand, offenbarte sich Jesus: »Fürchte dich nicht, Thomas! Reise nach Indien und predige dort das Wort. Meine Gnade ist mit dir.«

Aber auch in der Bibel findet sich ein Anhaltspunkt. An der einzigen Stelle, an der Thomas in der Apostelgeschichte genannt wird, ist von elf Aposteln die Rede (Apostelgeschichte 1,13.26). Das war nach der Auferstehung und Himmelfahrt Jesu, als alle zu ihrem Alltag zurückkehrten und Thomas bei denen war, die sich an einem Ort in Jerusalem trafen, der Obergemach genannt wurde. Die Jünger hatten sich dort versammelt, weil Jesus ihnen geboten hatte, Jerusalem nicht zu verlassen, sondern darauf zu warten, dass er ihnen Kraft senden würde, Energie.

Wikipedia beschreibt Energie als eine unsichtbare physikalische Größe mit der Fähigkeit, Bewegung zu erzeugen. Energie kann nicht hergestellt oder vernichtet werden, nur umgewandelt. Das ist der wichtigste Grund dafür, dass Thomas mit Mut erfüllt wurde. Das Brausen vom Himmel »wie das Rauschen eines mächtigen Sturms« (Apostelgeschichte 2,2) erfüllte den Raum und die göttliche Energie, auch Heiliger Geist genannt, erfüllte ihn und die anderen.

Auch wenn die Thomasakten meinen, dass es das Los war, aufgrund dessen Thomas sich auf die lange und damals nicht ungefährliche Reise über den Indischen Ozean bis nach Indien machte, lässt sich auch noch ein anderer Faktor finden. Der Überlieferung nach war genau zu jener Zeit ein Gesandter des Königs Gundafor in Jerusalem, eines der Fürsten des südlichen Indiens. Dieser Gesandte hieß Habban und er hatte den Auftrag, einen Architekten oder Baumeister für den künftigen Palast Gundafors zu suchen. Jesus nun soll sich auch Habban offenbart und ihm klargemacht haben, dass Thomas genau der Richtige für diese Aufgabe wäre. Thomas fügte sich daraufhin in sein Schicksal und antwortete: »Ich gehe, wohin du mich senden willst. Dein Wille geschehe«, und reiste einige Zeit später gemeinsam mit Habban nach Indien.

Ich lese die Thomasakten nicht, wie ich die Bibel lese. Ich lese sie lediglich als Erzählungen, die Spuren der Wahrheit enthalten und mir Anhaltspunkte geben für Dinge, die ich aus eigener Erfahrung kenne: wie scheinbar Zufälliges zu einem Lebensweg wird. Ich stimme dem Religionspsychologen Owe Wikström ganz und gar zu, wenn er sagt, er misstraue dem Zufall. Dass Thomas aus dem neutestamentlichen Geschehen vollkommen verschwindet, spricht dafür, dass er derjenige war, der am weitesten fortging und für den es am schwierigsten war, zu den anderen Aposteln Kontakt zu halten. Von dem, was die anderen Jünger taten, findet sich zumindest dieses oder jenes aufgezeichnet, und seien es auch nur Bruchstücke.

Meiner Erfahrung nach werden zwei Dinge deutlich, wenn man auf das eigene Leben zurückblickt. Ich weiß natürlich nicht, ob meine Erfahrung allgemeingültig ist – aber wer weiß?

Erstens ist es selten eine bewusste Wahl, die über unseren Lebensweg entscheidet, eher schon das, was wir nicht gewählt haben: die Liebe, die über uns kam, die Liebe, die in tausend Teile zerbrach, Kinder, die geboren wurden, Kinder, die wir verloren haben oder die wir nie bekommen haben. Mir scheint, solche Erfahrungen prägen unser Leben mehr als alles andere.

Das zweite ist die Entdeckung, dass an jeder wichtigen Weggabelung ein Mensch steht, ein Mitmensch, der seine Rolle selbst nicht für bedeutsam hält, der aber einfach da ist mit dem, was gerade gebraucht wird, und der eine entscheidende Bedeutung bekommt. Nicht alles, was uns im Leben begegnet, hat einen bestimmten Zweck, aber es kann auf lange Sicht zu etwas Gutem führen. Daran sollte man denken, bevor man für die Nöte anderer Menschen Erklärungen aufzählt. Oder für seine eigenen. Deshalb führt die Frage »Warum passiert das gerade mir?« selten irgendwohin. »Warum nicht mir?«, ist eine angemessenere Frage.

In meinem Fall gab es in der Zeit nach dem Autounfall einen David. Er war Pastor unserer Kirche, und es gäbe einige erstaunliche Geschichten, die ich von ihm und von der Zeit damals erzählen könnte. Er war ein freikirchlicher Libero, ein Unternehmertyp voller Ideen. Ich begnüge mich damit, nur eines von ihm zu sagen: Er sah mich. Er sah, dass in dem hochaufgeschossenen, unsicheren und von seiner Schuld schier zerfressenen 18-Jährigen etwas steckte, an das man glauben konnte. Und dieses Vertrauen flößte mir einen Mut ein, der es mir erlaubte, wieder nach vorne zu sehen. Es bewirkte, dass ich mit der Zeit annehmen konnte, kein Versager zu sein, trotz allem.

Jemandem etwas zuzutrauen ist eine heilende Kraft und etwas, das einem Menschen den Mut gibt, Dinge zu tun, die er sonst nie gewagt hätte. Dass jemand, dem man vertraut, an einen glaubt, ist ein stärkeres Fundament für das weitere Leben als Visionen oder Bildung.

Dass jemand, dem man vertraut, an einen glaubt, ist ein stärkeres Fundament für das weitere Leben als Visionen oder Bildung.

Alles, was in den folgenden Jahren geschah, zog mich in eine bestimmte Richtung. Nie hatte ich so gespürt, dass da etwas in mir brannte, wie bei meinem Erlebnis im Zelt. In meiner Welt nannte man so etwas eine Berufung.

Es ist nicht schwer, sich die Mischung aus Freude, Neugierde und Angst vorzustellen, mit der Thomas in Begleitung von Habban den langen Weg von Jerusalem zu einer der Hafenstädte zurücklegt, um von dort die Reise über den Indischen Ozean anzutreten.

Der schwedische Religions- und Kirchengeschichtler

Per Beskow hat in einem seiner Bücher darauf hingewiesen, dass Indien für die Menschen der Römerzeit kein so abgelegenes und unbekanntes Land war wie für die Menschen des europäischen Mittelalters: »Auf den Seewegen des Indischen Ozeans fand ein intensiver Handel zwischen den Mittelmeerländern und Indien statt. Es war Hippalos, ein griechischer Seemann und Händler, der herausfand, dass sich die Monsunwinde für die Seefahrt nutzen ließen, wenn man die Zeiten südwestlichen und die Zeiten nordöstlichen Winds berücksichtigte.«

Die Reiseroute, die in den Thomasakten beschrieben wird, scheint jedoch eine andere, eine schwierigere gewesen zu sein. Sie verlief vom Osten der Arabischen Halbinsel durch den Persischen Golf. Die Waren aus Indien wurden auf dem Euphrat zu Städten in Syrien gebracht. Dort wurde die Ware gelöscht und auf dem Landweg zu den Häfen der syrischen Küste transportiert. Auf dem Euphrat konnte man bis hoch nach Edessa segeln, dem Ort, an dem die Thomasakten entstanden. Es ist nicht unmöglich, dass Thomas und Habban den langen Weg über den Persischen Golf, den Golf von Oman, das Arabische Meer und dann über den Indischen Ozean genommen haben – eine Reise, die etwa vierzig Tage gedauert haben dürfte.

Welchen Weg auch immer sie genommen haben, es gab da den einen Augenblick, an dem sie das Schiff betraten, das Richtung Indien, genauer: Kerala, ablegen sollte. Am wichtigsten war es jetzt, sich die Monsunwinde zunutze zu machen, die tropischen Winde in Äquatornähe. Segelerfahrung hatte Thomas sicher. Aber auf dem See Genezareth zu segeln, wo man von einem Ufer aus das andere sehen kann, war etwas anderes, als auf einem Ozean zu segeln, dessen Überquerung Wochen dauern sollte.

Ich kann noch heute körperlich empfinden, wie ich mich in dem Augenblick fühlte, als ich nach vielen Wochen eines stillen Kampfes meine Gedanken, das Ja meines Herzens, meinen Eltern offenbarte. Ich hatte einige Jahre im Familienunternehmen gearbeitet und alle erwarteten, dass ich dortbleiben würde. Der Bruder meines Vaters hatte schon Vorstellungen davon, wie es mit meiner Laufbahn weitergehen sollte – sicher ein interessanter Weg –, aber ich spürte, dass es hier mehr um seinen Willen als um meinen ging. Meine Eltern wussten, wie elend ich mich seit dem Unfall fühlte, sie wussten, wie groß meine Unsicherheit war und wie wenig ich mir selbst vertraute.

Obwohl das Verhältnis zu meinen Eltern nicht besser hätte sein können, war ich an dem Samstagmorgen, den ich für mein Geständnis gewählt hatte, geradezu gelähmt vor Angst.

»Ich muss euch etwas sagen«, begann ich, aber meine Tränenkanäle waren in den vergangenen Jahren ordentlich durchgespült worden, und ich hatte kaum ein Wort gesagt, da liefen schon wieder die Tränen.

Ich erzählte schließlich die ganze Geschichte an einem Stück, alles, was passiert war und mich dazu gebracht hatte, dass ich nun die Firma und mein Zuhause verlassen wollte, um fortzugehen. Wohin, wusste ich nicht. Das Einzige, das ich sicher wusste, war, dass ich auf etwas gestoßen war, das ich als »meins« erkannt hatte, und dass sich nichts anderes mehr richtig wichtig anfühlte. Ich erzählte, dass ich Evangelist werden wollte – so nannte man in unseren Kreisen einen »Lehrling« oder Anwärter auf das Amt des Pastors. Zugleich war es aber auch eine Bezeichnung für jemanden, der sein Leben der Guten Nachricht widmen wollte.

Erst einmal blieb es am Küchentisch in Kramfors ganz still. Es war eine Stille wie nach einem Heiratsantrag oder nach einem überraschenden Bekenntnis. Dann sagte einer der beiden, ich weiß nicht mehr, ob es meine Mutter oder mein Vater war: »Du wirst glücklich werden, wenn du deinem Herzen folgst. Und dann sind wir glücklich.«

Ein Zentner Steine fiel von meinen Schultern. Ich wusste, dass ich den ersten Schritt zu etwas getan hatte, das mein Leben verändern würde. Alles lag nun vor mir. Ich hatte mir die Monsunwinde zunutze gemacht, die mich an den Ort bringen sollten, der auf geheimnisvolle Weise schon auf mich wartete.

Spannend wird ein Weg erst, wenn man beginnt, seiner Sehnsucht zu folgen – weil dann Dinge passieren, die nicht geschehen würden, wenn man auf der sicheren Seite geblieben wäre.

Einige Tage später erzählte ich es meinem Onkel, der dienstlich betrachtet mein Chef war. Im Pausenraum waren nur er und ich. Er strich wie üblich das Butterbrotpapier glatt, als ich ihm sagte, dass ich aufhören würde. Natürlich fragte er mich nach dem Grund. Als ich ihm von meinem Vorhaben, Pastor zu werden, erzählte, wies er den Gedanken rundweg ab. »Das ist nichts für dich«, sagte er. Erstaunlicherweise machte mir das gar nichts aus. Diese Reaktion hatte ich erwartet. Aber ohne die Unterstützung meiner

Eltern – durch das, was sie sagten, aber auch durch das, was ich in ihren Augen lesen konnte – hätte ich den Aufbruch nie gewagt. Eine Reise weit weg von meiner Komfortzone.

Spannend wird ein Weg erst, wenn man beginnt, seiner Sehnsucht zu folgen – weil dann Dinge passieren, die nicht geschehen würden, wenn man auf der sicheren Seite geblieben wäre.

Mein Leben wurde zu einem Leben im Dienst des Wortes. Ich wurde auf dem Bildungsweg Pastor, der damals in meiner Freikirche üblich war: Man begann als eine Art Lehrling bei einem erfahrenen Pastor, machte eher kurze Fortbildungen und übernahm dann nach und nach Verantwortung. Das sollte mein Weg sein, da war ich mir (fast) ganz sicher.

Der Meeresspiegel ist eine Nulllinie. Vierzig Tage lang glitten Thomas und seine ihm noch wenig bekannten Begleiter auf dieser Linie dahin. Zwischen dem Bekannten und dem Unbekannten. Zwischen Glaube und Zweifel. Das ist Thomas' »Wüste«, die Zeit, in der er endgültig verstehen wird, dass es kein Zurück gibt.

Ein Meer zu überqueren, ablegen und anlegen, hat einen starken Symbolcharakter. Das einzige Meer, das ich je überquert habe, ist das Mittelmeer. Als ich das erste Mal mit Interrail durch Europa reiste, nahmen wir eine Fähre von Brindisi in Italien zur griechischen Insel Kos. Als wir am Morgen aufwachten, war uns in unseren Schlafsäcken unerträglich warm, obwohl wir auf Deck übernachtet hatten. Ich erinnere mich heute noch an die Gerüche des Hafens, der Kaffeemaschine in der Cafeteria und wie exotisch wir es fanden, dass Tümmler dem Schiff folgten und im Spiel Schreie ausstießen.

Menschen, die schon einmal mit einem eher kleinen Boot auf einem der großen Meere gesegelt sind, beschreiben, wie das Meer ständig seinen Charakter ändert. Wie die Farben, das Licht, die Strukturen, die Wellenmuster und Wolkenformationen sich ständig verändern. Es ist, »als befände man sich in einer endlosen Wüste«, schreibt der Einhandsegler Jerk Oldenburg in seinem Langfahrtsegler-Blog.

Mir geht auf, dass Thomas, genau wie sein Meister vor dessen erstem öffentlichen Auftreten, einige Zeit in der Einsamkeit verbringt. Jesus in der Wüste, Thomas auf dem Wasser. Eine frappierend ähnliche Situation, eine lange, monotone Reise ohne Abwechslung oder äußere Reize. Das ist die Zeit der Versuchungen. Die Zeit der Langeweile und der Angst. In dieser Zeit muss der *point of no return* überschritten werden.

In seinem Buch *Ensam med havet* (*Allein mit dem Meer*)[6] erzählt der Göteborger Segler Sebastian Näslund von seiner ersten richtig langen Tour. Als die mutigste Aktion, die er je hinter sich gebracht hat, beschreibt er das Verlassen des Hafens von Göteborg. Vor ihm liegt eine Segelreise nach Westindien, Kuba und in die USA, die drei Jahre dauern soll und zugleich ein Einsamkeitsexperiment ist. Als er Göteborg hinter sich lässt und nahezu Windstille herrscht, notiert er: »Das ist der Anfang von etwas Wichtigem.« Wovon genau, weiß er nicht, das wird sich zeigen – in unendlich ereignisarmen Wochen auf dem Atlantik und in Dramen, die sich zwischen den ruhigen Tagen abspielen. Die Reise wird zu seiner Art, darüber nachzudenken, was er mit dem Rest seines Lebens anfangen will.

Nachdem Näslund Las Palmas verlassen und den letzten Zipfel von La Gomera aus den Augen verloren hat, folgen fünf sehr turbulente Tage und Nächte. Gekonnt beschreibt er das Gefühl, winzig und vollkommen ausgesetzt zu sein. Er hat vier Kilometer Wasser unter sich und sieht 360 Grad rund um sich her nichts als Meer. Keine anderen Boote oder Schiffe, keine Flugzeuge, er hat noch nicht einmal Funkkontakt. Da ist nur das Meer. Er fragt sich sehr ernsthaft, warum er da ist. »Deshalb bin ich hier: Um mir darüber klar zu werden, warum ich hier bin«, schreibt er.

Ich lese mehrere Berichte von Langfahrtseglern, um dem näherzukommen, was Thomas wohl auf dem Weg zu seinem Ja erlebt. Ich stoße auf die Beschreibung einer reichen Welt voller Naturerlebnisse: die grenzenlose Weite der Wasserflächen, fliegende Fische und klebrige Salzkristalle. Aber auch auf Ereignislosigkeit: Tage, die auf Nächte folgen, und Nächte, die auf Tage folgen, ohne sich voneinander zu unterscheiden. Und dann plötzlich ein Drama auf Leben und Tod.

Erfahrene Langfahrtsegler bezeugen, wie sich ihnen die Nackenhaare aufstellten, als riesige Wellen über dem Schiffsrumpf zusammenschlugen. Und ich denke darüber nach, was Hilflosigkeit wohl mit einem Menschen macht, wenn sie über eine längere Zeit anhält. Ganz deutlich wird, wie stark die meisten Langfahrtsegler, jedenfalls die, die allein gesegelt sind, ihre Reise als Reise zu sich selbst begreifen. Die Zeit auf dem Wasser, die Monotonie, die Tatsache, dass man wochenlang kein Land sieht – das alles ist eine Chance, sich selbst kennenzulernen. Jetzt schafft man es, über Fragen nachzudenken, für die man zu Hause keine Zeit hatte: Was soll das alles? Was will ich mit meinem Leben?

Ich erinnere mich an ein Zitat des Naturkundlers und Philosophen Henry Thoreau:

> *»[...] it is easier to sail many thousand miles through cold and storm and cannibals ... than it is to explore the private sea, the Atlantic and Pacific Ocean of one's being alone«*[7].

Und ich frage mich: Vielleicht ist Thomas ja während der vierzig Tage und Nächte auf dem Indischen Ozean endgültig klar geworden, was sein Auftrag war?

Mein Ozean hieß Capel und lag einige Meilen südlich von London in der Grafschaft Surrey. Doch zuerst einmal landete ich in Göteborg und wurde Jugendpastor der Smyrnagemeinde im Zentrum der Stadt. Schon nach kurzer Zeit wurde mir eine Verantwortung aufgeladen, die mehrere Nummern zu groß für mich war. Nachdem ich dort einige Jahre gearbeitet hatte, reiste ich zur Bibelschule nach Capel, um eine theologische Weiterbildung zu erhalten. Als ich dorthin unterwegs war – mit dem Schiff –, waren Lotta und ich gerade ein halbes Jahr verheiratet, und wir hatten eben gerade erst festgestellt, dass Lotta mit unserem ersten Kind schwanger war.

Von Spätsommer bis Weihnachten war ich in England, und nur ein einziges Mal in dieser Zeit, als Lotta mich für eine Woche besuchte, sahen wir uns. Ich wollte mit einem gewissen Sicherheitsabstand zum Geburtstermin nach Hause zurückkommen, und in dem umfangreichen Briefwechsel, der in dieser Zeit entstand, ist viel von dem neuen Leben die Rede, das auf uns wartete.

Das Leben in dem großen, mit roten Ziegeln bedeckten Haus, in dem das Elim Bible College sein Zuhause hatte, war alles andere als glamourös. Ich teilte das Zimmer mit Peter aus der Schweiz, Jürgen aus Deutschland und Andrew aus Birmingham. Als der Herbst in den Winter überging, irgendwann Ende November, Anfang Dezember, als Kälte und Schnee einzogen und das eine wie das andere durch die kleinen, einfachverglasten Fenster in die Dachwohnung eindrang, in der wir vier jungen Männer wohnten, da war ich in Gedanken mehr zu Hause als in Capel. An manchen Tagen brachte das Studium interessante Erkenntnisse oder Erlebnisse mit sich, neue Welten, die sich öffneten, spannende Begegnungen – an anderen Tagen war da nichts als Heimweh und ernsthafter Zweifel daran, dass es richtig gewesen war, von zu Hause wegzugehen.

Ich erinnere mich, dass ich mir wie ein Künstler vorkam, der lange und intensiv an einem Gemälde gearbeitet hat und schließlich einige Schritte zurücktritt, um zu betrachten, was er da geschaffen hat, und der nun alles entdeckt, was man nicht sehen kann, wenn man zu nahe davorsteht. Ich sah, dass vieles von dem, wofür ich gemeinsam mit anderen meine Zeit investiert hatte, eigentlich nur kurzlebig war. Dass wir einen großen Betrieb aufrechterhielten und viele junge Menschen sammelten – oft ohne sie innerlich weiterzubringen und zu prägen.

Während dieser Monate wurde das Gebet zu meiner

Weise, mit den Dingen klarzukommen, sie zu ordnen und – wichtiger als alles andere – eine Kursänderung zu wagen. Ich hatte keine Möglichkeit, zu Hause irgendetwas zu beeinflussen. Capel wurde mein Langfahrt-Segeltörn, meine Wüste. Das Gefühl von damals holt mich wieder ein, wenn ich lese, was der Segler Sebastian Näslund schreibt: »Deshalb bin ich hier: Um mir darüber klar zu werden, warum ich hier bin.«

Ich hatte eigentlich gedacht, ich sei nach Capel gekommen, um mich fortzubilden. Im Nachhinein glaube ich das nicht mehr. Ich glaube, ich war dort, um für eine Kursänderung bereit zu werden. In jenem Herbst begann ich auch zu schreiben. Ich halte mein eigenes Schreiben, was seine Wirkung nach außen angeht, für nichts anderes als einen weiteren Beitrag zum Gespräch über den Glauben. Aber was es für mich selbst bedeutet, kann ich kaum in Worte fassen.

Damals bekam ich eine erste Anfrage von der christlichen Tageszeitung *Dagen*. Sie bat mich um drei Kolumnen. Bis dahin hatte ich noch nie etwas geschrieben, das veröffentlicht werden sollte. Ich war 25 Jahre alt und meinte, nicht schreiben zu können. Nach jenem Herbst konnte ich mit dem Schreiben nicht mehr aufhören.

Im Zelt, als 19-Jähriger, hatte ich einen ganz präzisen Auftrag für mein Leben vernommen: Ich sollte predigen. Jetzt entdeckte ich, dass dieser Auftrag nicht an eine bestimmte Ausdrucksweise oder Form gebunden war, sondern auf viele verschiedene Arten verwirklicht werden konnte. Dass er sich verändern konnte, so wie sich die Umstände veränderten.

Dennoch begann ich erst lange Zeit später, in den

schwierigsten Jahren meines Lebens, zu ahnen, wie groß die Kraft der Sprache ist. Mein Weg, mit dem klarzukommen, was uns geschah, war, die Dinge zu benennen, ihnen Worte zuzuordnen, und sei es nur für mich selbst. Aber mein Schreiben wurde nicht nur für mich, sondern auch für Lotta und unseren mittleren Sohn John ein Weg, um im Gespräch zu bleiben. Und tatsächlich hatte ich immer Angst, dass wir es irgendwann nicht mehr schaffen könnten, miteinander zu reden, wenn ich manche Momente in unserem Leben nicht so beschreiben würde, dass auch sie sich darin wiedererkennen konnten.

Wir haben beim Lesen, Reden und Schreiben viele schmerzliche, schwierige und doch auch wunderbare Momente erlebt und dabei gemeinsam Lichtpunkte im Dunkel gesucht, diesem Dunkel, das sich über uns alle auszubreiten drohte. Gemeinsam haben wir uns dem Dunkel verweigert, das das letzte Wort behalten wollte.

Wir haben beim Lesen, Reden und Schreiben viele schmerzliche, schwierige und doch auch wunderbare Momente erlebt und dabei gemeinsam Lichtpunkte im Dunkel gesucht.

Das Schreiben ist mir nie leichtgefallen; ich habe lange nach einer Sprache gesucht, die beides umfasst, die Schwärze und die Hoffnung. Das Nachtschwarze in Worte zu fassen, ist mir nicht gelungen. Und erst recht nicht das unerschütterlich Muntere, das mehr versprach, als die Wirklichkeit halten konnte.

Lange fühlte ich mich auf meiner Suche nach der richtigen Sprache allein. Bis ich auf die Bücher von Birger Norman stieß, einem Arbeiterdichter von der Insel Svanö im nordschwedischen Fluss Ångermanälven. Dass die Stimme, nach der ich suchte, ausgerechnet aus meiner Heimatregion kam, könnte man für Zufall halten, ich tue es nicht. Ich glaube immer mehr, dass das meiste von dem, was wir suchen, sich ganz in unserer Nähe finden ließe. Wir verpassen es aber, weil wir an einem weit entfernten Ort auf der Suche sind.

Mit Norman fand ich jemanden, der nicht nur den Dialekt meiner Heimat sprach, sondern auch den »Dialekt« meines Glaubens (unser Frömmigkeitsstil ist ja eher ein Dialekt als eine je andere Grammatik), und in dem fühlte ich mich zu Hause.

Ich hatte damals angefangen, meinen Auftrag so zu verstehen, dass ich das Leben beschreiben sollte – immer so aufrichtig wie möglich und mit einer Portion Hoffnung. Ich tat das im Grunde unterschiedslos, egal, worüber ich zufällig gerade schrieb, was auch immer das Thema war, ob Alltagsleben, geistliches Leben oder die Liebe. Was auch immer gerade dran war: sagen, was ist, aber nie ohne diese gewisse Öffnung zum Positiven, diesen Funken Hoffnung.

»Schreiben heißt sehen, sehen heißt unterscheiden, unterscheiden heißt wählen, und wählen heißt sowohl verzichten als auch behalten«, schreibt Birger Norman in *Björkå*.

Man kann sich fragen, was es wohl für die Entwicklung von Thomas bedeutete, dass der Gesandte Habban genau an dem Tag in Jerusalem war, als der weitere Lebensweg des Apostels sich entschied. Niemand weiß es. Wir wissen ja noch nicht einmal, ob Habban eine historische Person war oder ob er erdichtet ist. Die Thomasakten, die von ihm berichten, sind, wie gesagt, eine Sammlung von Legenden. Das Gute an Legenden ist nun aber, dass man von ihnen nehmen oder verwerfen kann, was man will. Man kann ausprobieren, was es bedeuten würde, dieses oder jenes für wahr zu halten, denn man hat es nicht mit *der* Wahrheit zu tun. Und doch kann man bei diesem Ausprobieren manchmal zur Wahrheit gelangen.

Und so haben wir hier nun diesen Habban. Die beiden reisen zusammen und das heißt, dass Habban und Thomas und sicherlich noch viele andere eine sehr lange Schiffsreise über verschiedene Meere machen. Ich kann der Versuchung nicht widerstehen, mir ihre Gespräche vorzustellen. Manchmal geht es dabei um den Bau eines Palastes, und da gibt es jetzt diesen ungewöhnlich passionierten Mann, den Habban zufällig bei sich hat und der von Größerem träumt als von einem Palast mit Zinnen und Türmen. Von etwas, das später in Thomas' Umgang mit dem Baugeld sichtbar werden wird.

Thomas hat einen anderen Palast im Kopf, und um den zu bauen, sind ihm auch ungewöhnliche Wege recht. Er träumt von einer neuen Weltordnung. Er ist beseelt von der Sehnsucht, seinen Auftrag zu erfüllen, und in seinen Händen trägt er die Erinnerung an das Wunder. Denn seine Hände haben das Leben jenseits des Todes berührt. Solche Menschen sind schwer zu stoppen.

»The first cut is the deepest«

Kurz nach dem Weihnachtsfest reisen wir mit Freunden nach Indien. Im Radio höre ich, wie jemand sagt: »Es ist schöner, in Indien gewesen zu sein, als in Indien zu sein.« Bald schon weiß ich, dass das nicht stimmt.

»The first cut is the deepest« (Der erste Schnitt geht am tiefsten), sang Cat Stevens am Ende der Sechzigerjahre, und bei mir war es tatsächlich so. Es ist, als würde Indien, dieses Land, aus dem man wohl nie ganz klug wird, mir einen Schnitt zufügen oder mich mit einem Brandzeichen versehen, mit seiner Religiosität, seiner Wärme, seiner Liebenswürdigkeit, den Düften und Farben, all dem, wovon man gehört hat, was man sich aber nicht vorstellen konnte. Ich bin schon viel gereist, aber ich glaube nicht, dass ich je für ein anderes Land so etwas empfunden habe. Es ist wie eine Liebe auf den ersten Blick.

Ursprünglich hatte ich vor, der angenommenen Reiseroute des Zwillings zu folgen: im Nahen Osten beginnen, durch die Türkei und Syrien reisen, hinunter durch das Zweistromland, Euphrat und Tigris erleben und dann versuchen, mit irgendeinem Schiff den Persischen Golf und den Indischen Ozean zu überqueren. Aber die instabile Lage der Region zwingt mich schon bald, mir diesen Plan aus dem Kopf zu schlagen. Das Auswärtige Amt rät dringend von Reisen durch Syrien ab. Stattdessen fliegen wir nach Chennai an der südöstlichen Küste Indiens und von dort weiter an die Malabarküste im Südwesten, um Thomas sozusagen von der anderen Seite entgegenzukommen.

»Eine häufige Frage von Gartenliebhabern ist die, ob man Pflanzen an eine andere Stelle versetzen darf. Die Antwort ist ein klares Ja! Wenn du eine Pflanze hast, der es offensichtlich an ihrem Ort nicht gut geht – sie wächst wenig, hat kaum Blüten und leidet immer an irgendwelchen Krankheiten –, dann lohnt es sich auf jeden Fall, es mit Umpflanzen zu versuchen. Für alle anderen ist es sowieso meist problemlos.«

Diesen Text fand ich auf der Website eines Online-Händlers für Pflanzen und Gartenbedarf[8]. Es geht in diesem Text um Büsche in großen Villengärten, aber er könnte auch von Menschen handeln, zum Beispiel von Thomas und davon, wie er es verkraftet hat, verpflanzt zu werden von der Ruhe am See Genezareth ins duftende, lärmende und leicht chaotische Südindien.

Beim Umpflanzen geht es darum, neue Voraussetzungen und bessere Bedingungen zu schaffen, und manchmal kann eine neue Umgebung überlebensnotwendig sein. Ich denke an Fälle, in denen die Bedingungen so sind, wie sie sind, und sich nur wenig ändern lässt.

Unsere Nachbarn haben am Rande ihres Grundstücks eine Stelle, an der es so gut wie unmöglich ist, Flieder zum Blühen zu bringen. Die vorherigen Eigentümer haben sich mit diesem Problem auch schon herumgeschlagen. Die neuen Nachbarn tauschten die alten, bemitleidenswert aussehenden Büsche gleich gegen neue, frische Pflanzen aus, gruben die Erde um und machten eigentlich alles richtig. In der ersten Zeit schien es den Büschen gut zu gehen, aber dann »erbten« sie bald das Verhalten ihrer Vorgänger.

Ich habe viele Jahre lang auf diesen Teil des Nachbargartens geschaut und im Laufe meiner Betrachtungen eine Verbindung zu den Möglichkeiten hergestellt, die ein Mensch auf der Suche nach seinem Platz hat, und dabei eine Sache eingesehen: Die Voraussetzungen für gutes Wachstum gehören nicht zu den Dingen, die der Mensch selbst steuern kann. Nur selten ist es die Pflanze, die falsch ist, wenn das Wachstum ausbleibt. Es ist die Umgebung oder, besser gesagt, eine Kombination verschiedener Umweltbedingungen, die das Wachstum behindern.

Wenn das der Fall ist, kann es notwendig sein, an einen anderen Platz umgepflanzt zu werden. Das ist kein schmerzfreier Prozess: herausgerupft zu werden, umzuziehen, sich wieder zu verwurzeln. Man schafft so etwas nur, wenn es schlechter werden muss, damit es besser werden kann. Zu allen Lebensprozessen gehören Zeiten mit solchen Schmerzen. Zeiten, in denen Wachstumsschmerz spürbar wird.

Das Schmerzliche in der Geschichte von Thomas dem Zwilling begann ich erst zu erahnen, als ich eine Woche lang am See Genezareth saß und auf das Wasser blickte. Mir kam der Gedanke, dass der Platz, der seiner gewesen war – ein Platz, auf dessen Eigenschaften er vermutlich kaum einen Einfluss hatte –, zu klein war für seinen Traum. Thomas ist einer von all den vielen Menschen, die aufbrechen müssen, nicht weil da irgendetwas in ihrer alten Umgebung falsch läuft, sondern nur aus einem Grund: Es gibt keinen Platz für ihren Traum. Wenn das klar wird, muss man seinem Traum treu bleiben – mehr als dem alten Umfeld.

Thomas ist einer von all den vielen Menschen, die aufbrechen müssen, nicht weil da irgendetwas in ihrer alten Umgebung falschläuft, sondern nur aus einem Grund: Es gibt keinen Platz für ihren Traum.

Einige Tage lang fahren wir durch Südindien und nehmen die Orte in Augenschein, die mit Thomas' Geschichte verknüpft sind. Wir besuchen sie in chronologisch umgekehrter Reihenfolge, um Neujahr im deutlich ruhigeren Kerala feiern zu können. Wir folgen Thomas' Spuren, wenn auch in umgekehrter Richtung.

Zur Vorbereitung unserer Reise habe ich eine Reihe Legenden und Geschichten gelesen, die Thomas' Weg nach Indien beschreiben. Auch vom Leben einiger anderer Apostel gibt es ähnliche außerbiblische Erzählungen. In ihnen mischt sich Hohes und Niedriges, Märchenhaftes und Weisheitliches. Der historische Gehalt dieser Texte ist fraglich, ich persönlich halte es aber für unwahrscheinlich, dass von so »prägnanten Persönlichkeiten«

wie Petrus, Maria und Thomas kein anderes als das biblische Material existiert.

In Sachen Mut liegt Thomas ganz vorn. Die Thomasakten erzählen, wie er und König Gundafor sich über den Standort und die Ausführung des Palastes einigen, den Thomas bauen soll, und dass ihm danach eine große Summe Geld anvertraut wird, das gesamte Budget für den Bau. Thomas verspricht, dass der Palast nach nur sechs Monaten fertig sein wird. Zufrieden mit dieser Auskunft reist der König in eine seiner anderen Provinzen. Kaum ist er fort, beginnt Thomas mit der Arbeit – aber nicht mit dem Bau, sondern mit der Verteilung des Geldes unter die Armen. Der König kehrt zurück und entdeckt, dass der Palast nicht gebaut wurde, während Thomas behauptet, er sei doch gebaut worden, allerdings könne der König ihn erst sehen, wenn er aus dem irdischen Leben scheide. In seinem Zorn lässt der König Thomas zusammen mit Habban in den Kerker werfen.

Während Gundafor noch überlegt, wie er die beiden strafen soll, wird Gad, der Bruder des Königs, krank und stirbt. Er fährt, so die Thomasakten, gen Himmel und wird gefragt, welches aller himmlischen Bauwerke er sich zur Wohnstatt wählen möchte. Er entscheidet sich für ein besonders schönes Gebäude, aber die Engel sagen ihm, dass er dort nicht einziehen könne, weil genau dieses Gebäude seinem Bruder Gundafor und Thomas gehöre. Gad bittet schließlich darum, zur Erde zurückkehren zu dürfen, um den Palast seinem Bruder abzukaufen. Als seiner Bitte stattgegeben wird, überrascht er seinen Bruder mit seiner Rückkehr – und mit seiner Frage. In der Folge kommen Thomas und Habban aus dem Kerker frei und die Brüder Gad und Gundafor lassen sich taufen. Thomas setzt sein Wirken fort und predigt und tauft in Gundafors Königreich.

Die Taxifahrt vom Flugplatz zum Hotel in Chennai ist ein Frontalzusammenstoß mit Indien. Am frühen Morgen werden wir von einem jungen Taxifahrer in Empfang genommen, der in der Nacht nur wenig geschlafen zu haben scheint. Außerdem macht er den Eindruck eines Drogenabhängigen. Die Sitze im gelben Gefährt sind fettig und klebrig, unser Fahrer öffnet in regelmäßigen Abständen die Tür und spuckt hinaus, fährt einige Kilometer und macht wieder die Tür auf … Und wenn ich »spuckt« schreibe, spreche ich nicht von einer kleinen Regulierung der Flüssigkeitsmenge im Mund, sondern von echter Pferderotze, wie wir auf dem Land sagen würden.

Vom ersten bis zum letzten Moment unserer Fahrt habe ich das Gefühl, dass wir jeden Augenblick mit einem Pfosten, einem Moped, einem Auto oder einer Kuh zusammenprallen, bis mir aufgeht, dass der Verkehr hier nun mal so funktioniert: Zwei Spuren sind nicht zwei Spuren, sondern fünf. Wo kein Platz ist, schafft man welchen. Deshalb kann man nur wenige Meter hinter sich bringen, ohne zu hupen. Und dennoch sehen wir erstaunlich wenige Unfälle.

Die erste Nacht verbringen wir in einem Hotel im Kolonialstil am Stadtrand von Chennai. Schwarz-Weiß-Fotografien längs der Wände zeigen uns, welche Größen der Geschichte hier vor uns residiert haben. Alles ist etwas betagt, aber schön. Am ersten Tag liege ich meist am Hotelpool, lese und nicke immer wieder ein. Es herrscht eine schläfrige Stimmung und wir sind fast die einzigen Gäste. Als Reiselektüre habe ich zwei Bücher dabei: Das eine heißt *Ordinary Man. Extraordinary Mission* und beschreibt das Leben des Amerikanders E. Stanley Jones, einem methodistischen Missionars, der 1907 nach Indien kam. Das andere ist ein Buch, das Jones selbst geschrieben hat: *The Christ of the Indian Road* (*Der Christus der indischen Landstraße*[9]), meiner Meinung nach eines seiner wichtigsten Bücher.

Jones' Werk ist umfangreich, und je mehr ich darin lese, desto deutlicher steht mir der Autor vor Augen, als wäre er der Apostel Thomas in seinen späten Lebensjahren. Zum einen wegen der äußeren Fakten, denn die beiden reisen ungefähr auf denselben Wegen, um ihren Auftrag zu erfüllen. Zum anderen wegen der Dinge unter der Oberfläche: Ihnen ist eine angstfreie Offenheit gemeinsam, und sie lassen sich niemals in Versuchung bringen, ihren Glauben und ihre Überzeugungen aufzugeben. Und dann ähneln sie sich noch darin, dass sie, als sie endlich »in ihrem Element sind«, sich wie der Fisch im Wasser bewegen.

Thomas ist der eine Grund, weshalb ich hier bin. Stanley Jones ist der andere.

Stanley Jones war erst 23 Jahre alt, als er berufen wurde, als Missionar nach Indien zu gehen. Nach seiner Heirat mit Mable Lossing ließ sich das Paar in der Stadt Sitapur in der Provinz Uttar Pradesh nieder. Jones' Arbeitskraft muss enorm gewesen sein. Man wird schon müde, wenn man nur liest, wie sein Tagesablauf aussah und welche Reisen er machte. Tatsächlich scheint er sich in den ersten

Jahren übernommen zu haben, sodass er nach zehn Jahren in Indien körperlich, psychisch und in gewisser Weise auch spirituell am Ende war. Er verglich sich selbst damals mit seinem Fahrrad – und ein Fahrrad jener Epoche war ein Fortbewegungsmittel, dem die Bremse fehlte. Er glaubte, dass er durch sein eigenes energiegeladenes Leben die Leute aufwecken könnte, Menschen, die er für ziemlich bequem hielt. Die Inder dagegen lächelten angesichts seiner übertriebenen Hast.

Vom methodistischen Bischof wird Jones für eine längere Auszeit in die Heimat geschickt, aber 1917 – also mitten im Ersten Weltkrieg – kehrt er nach Indien zurück, und in der Zeit, die nun folgt, findet er seine wirkliche Berufung, sein Ja. Jones verzichtet von nun an auf Massenversammlungen als Missionsmethode und setzt sich mit den Menschen am runden Tisch und im Ashram zusammen. Er gibt die Frontalkommunikation auf und setzt auf Dialog. Er beginnt unter den Gutausgebildeten der Mittel- und Oberschicht zu arbeiten. Dahinter steht keine Strategie, die die Menschen aus den unteren Kasten oder die Kastenlosen abschreiben würde; es geht Jones vielmehr darum, die Familien und Clans nicht auseinanderzureißen. Seine Überlegung: Erreicht man die Spitze der Gesellschaft, erreicht man auch die breite Masse und kann gleichzeitig den Familienzusammenhalt stärken.

Stanley Jones schildert einmal den Weg zu dem Platz, der seiner werden sollte, und wählt dafür Bilder aus der Pflanzenwelt. Die Wende in seinem Leben nennt er *seed moment*, also einen Augenblick wie ein Samenkorn, und er schreibt, dass seine ganze Zukunft in diesem Samen verschlossen lag. Der Himmel brach in sein Leben ein, »als

Verheißung, Annahme und Versöhnung«, so beschreibt er es.

Ich mag diese Art, vom Lebensweg zu sprechen. Statt von einer vorherbestimmten, klar umrissenen Bahn spricht Jones von dem Potenzial, das einem Samenkorn innewohnt. Da steckt alles schon drin, aber es kommt jetzt darauf an, wo das Samenkorn hinfällt. Deshalb ist der Platz so wichtig, der Platz, den wir zusammen schaffen können, und der Platz, von dem man manchmal aufbrechen muss, den man verlassen muss, um an einem anderen Platz sein volles Potenzial ausschöpfen zu können.

Die Bibel spricht eine ähnliche Sprache und beschreibt das geistliche Leben als einen Prozess des Sterbens, der zum Leben führt, wenn man sich etwas Größerem überlässt als sich selbst. Sie behauptet damit, dass die Möglichkeiten des Samenkorns im Loslassen stecken, im Zusammenwirken von inneren und äußeren Ressourcen.

Stanley Jones ähnelt Thomas, weil er genau wie der Jünger der neuen Welt mit einem Ja begegnet. Er spricht von dem, was er tut, als einem »Liebesopfer im Heiligtum der großen Möglichkeiten«. Er kommt nach Indien mit einer positiven Einstellung gegenüber dem, was er dort vorfindet, aber er ist auch überzeugt davon, dass das Christentum einen einzigartigen Beitrag zu leisten hat, für den er sich nicht zu schämen braucht.

»Begeistert und beunruhigt setzte ich meine Füße bewusst auf den Weg nach Indien, wohl wissend, dass es ein Abenteuer werden würde, die Begegnung mit einem Volk zu suchen, das die größten Möglichkeiten hatte, eine Quelle der geistlichen Erneuerung der Welt zu werden, aber auch in

der tiefen Gewissheit, dass, wenn dies geschehen sollte, tief gehende Veränderungen in genau dieser geistlichen Welt möglich sein müssten«,

schreibt er.

Stanley Jones hegt ein schier grenzenloses Vertrauen dem Menschen gegenüber. Das Ja eines Menschen, so meint er, führt zu seiner Verwandlung. Es hebt ihn auf eine Ebene, auf der er sich entwickeln kann.

Jones hat einen scharfen Intellekt und beschreibt, wie sein Glaube in der mutigen Begegnung mit anderen einfacher wird. Manche Sachen fallen weg, weil sie unberechtigterweise zu viel Raum einnehmen, wie er es ausdrückt. Das ist notwendig, denn Jones möchte sich dem Selbstverständnis der Inder annähern und leben wie seine indischen Freunde – die ihn nach einiger Zeit einen »weißen Eingeborenen« nennen.

Der Legende nach ist Thomas gegen Ende seiner Indienmission quer über den Kontinent gezogen, von Kerala hinüber an die Ostküste, zum kleinen Ort Mailapur am Rande von Chennai.

Kurz bevor wir nach Chennai, das frühere Madras, kommen, standen große Teile der Stadt unter Wasser. Riesige Überschwemmungen haben die Stadtverwaltung gezwungen, Flugplatz und Fabriken zu schließen, und die Polizei hat Fischerboote beschlagnahmt, um Menschen zu evakuieren. Die Zeitungen schreiben vom Klimawandel und von den Familien, die in der Region mehrere Hundert Tote haben begraben müssen.

Der Weg vom Hotel nach Mailapur ist von unzähligen

übergroßen Werbeplakaten gesäumt. Die Kommunalwahlen stehen bevor und man gewinnt das Gefühl, das Geld, das hier für die Konterfeis der Kandidaten ausgegeben wurde, hätte für mehrere Wohnquartiere gereicht, um all die unterzubringen, die jetzt in Wellblechhütten hausen.

Auf einem Hügel, der *St. Thomas Mount* heißt, steht die Kirche, die angeblich an dem Platz gebaut wurde, an dem Thomas den Märtyrertod erlitt. Ich widme dem Thomas-Berg einen ganzen Tag. Hierhin soll sich der Apostel zurückgezogen haben, um zu beten, aber auch, um den aufgebrachten hinduistischen Gelehrten zu entgehen, die sich gegen seine Verkündigung stellten und missbilligten, dass er so viele Menschen taufte. Der Überlieferung nach soll eine Gruppe Brahmanen an einem regnerischen und dunklen Tag auf dem Weg zum Tempel gewesen sein. Die Männer forderten Thomas auf, sich ihnen anzuschließen und in ihrem Tempel anzubeten – was er ablehnte. Es entstand eine Stimmung, die immer mehr von Hass bestimmt war, und irgendwo auf diesem Berg soll Thomas dann schließlich den Märtyrertod erlitten haben, durchbohrt von der Lanze eines Brahmanen. So wie es all die Abbildungen andeuten, die ich gesehen habe, die Thomas mit einer Lanze in der Hand zeigen, um zu unterstreichen, dass er als Märtyrer starb.

Ähnlich wie Thomas ging es den meisten der Jünger Jesu. Sie wurden auf ganz verschiedene Weise umgebracht; so gut wie keiner von ihnen starb eines natürlichen Todes.

Wie an so vielen Orten der religiösen Welt ist auch der Platz, der an Thomas' Tod erinnern soll, zugepflastert mit Kitsch. Auf einem Schild am Eingang des Geländes steht: »No jogging and exercises beyond the gate«. Sicher gibt es einen Grund, warum dieses Verbotsschild angebracht wurde, auch wenn einem bei dieser drückenden und feuchten Hitze wirklich nicht nach Joggen ist.

Und doch, trotz des ganzen Krimskrams um mich herum spüre ich eine Stille, die die Sinne auf anderes lenkt. Von der Rückseite der Kirche aus kann man einen großen Teil von Chennai überblicken. Die Mischung aus dem schönen Steingebäude, den blinkenden Lichterketten mit bunt gefärbten Lampions, den Weihnachtsmännern und Engeln und neben ihnen Jesus, Thomas und die anderen Apostel ist ausgesprochen gewagt. Ein einfaches Café, das sich Mother Teresa Cafeteria nennt, bietet Nescafé und süßen Kuchen an. An der Theke stehen auch heiliges Wasser, heiliges Öl und heiliger Sand zum Verkauf, daneben unzählige kleine Statuen, die die Szene darstellen, in der Thomas die Wunde an Jesu Seite berührt.

Zärtlichkeit in der Körpersprache bringt mich auf den Gedanken, dass es vielleicht nicht die Wunde war, die Thomas überzeugt hat, sondern die Berührung selbst.

An einer dieser Statuen bleibt mein Blick hängen. In einer Sache unterscheidet sie sich von den anderen: Sie zeigt, wie Jesus gleichzeitig Thomas' Arm berührt. Die Zärtlichkeit in der Körpersprache bringt mich auf den Gedanken, dass es vielleicht nicht die Wunde war, die Thomas überzeugt hat, sondern die Berührung selbst. Die Bewegung, die Thomas macht, führt dazu, dass er selbst berührt wird.

Hier oben gibt es auch eine Reihe von Märtyrergräbern, in denen Menschen ruhen, von denen es heißt, sie hätten den Thomas-Berg und damit die Kirche als solche gegen religiöse Fanatiker verteidigt. Ihre Ruhestätte ist ein kleines, besonders schlichtes Gotteshaus, im 15. Jahrhundert von Portugiesen erbaut, und man zieht seine Schuhe aus, bevor man eintritt. Eine andächtige Stille erfüllt den Raum, hier und da sitzen Menschen ins Gebet versunken. Über dem Portal steht das Bibelwort »Mein Herr und mein Gott«, Thomas' Ausruf, als er plötzlich begreift, dass Jesus auferstanden ist.

Ein Bild, das der Apostel Lukas gemalt haben soll, hängt in der Nähe des Altars. Der Legende nach hat Thomas sieben von Lukas' Bildern bei sich getragen, und dieses soll eines davon sein. Und natürlich gibt es Reliquien, kleine Knochenstücke, eingefügt in goldene Behältnisse, vor denen der eine oder andere Besucher lange stehen bleibt.

Am 18. jeden Monats findet hier eine Heilungsmesse statt, in der man für sich beten lassen kann. Ein Plakat informiert, dass für Menschen gebetet wird, die einen Ehepartner suchen, sich Kinder wünschen oder von verschiedenen Krankheiten »sicher befreit« werden möchten.

Später am Tag besuchen wir in der Stadt die Sankt-Thomas-Basilika, die große Kathedrale, die angeblich über Thomas' erstem Grab erbaut wurde. Unser Fahrer erzählt, dass auch sie vor einigen Wochen von den Wassermassen bedroht war. Er beschreibt anschaulich, wie das Wasser kam und wie man ganz deutlich habe spüren können, dass Gottes Hände die Kirche beschützten. Sich über seinen Bericht zu freuen, ist nicht leicht, wenn man weiß, dass die Familie im Nachbarhaus nicht vom Wasser verschont wurde.

Thomas' Leichnam ruhte nicht lange in Chennai. Ein Kaufmann nahm die sterblichen Überreste des Apostels und brachte sie nach Edessa, das damals noch zu Syrien gehörte, und während der Zeit der Kreuzzüge wurden die Reliquien dann weiter Richtung Westen geschafft. Heute sollen sie im italienischen Ortona, südlich von Pescara, zu finden sein.

Im Souvenirladen neben der Basilika erstehe ich ein Nachtlämpchen, auf dem Jesus zu sehen ist, eine dieser Lampen, die man direkt in die Steckdose stecken kann und die ein schwaches Licht geben, wenn man sich im Dunkeln fürchtet oder in der Nacht mal raus muss. Eigentlich eine Scheußlichkeit, aber mir gefällt sie. Schon am selben Abend probiere ich die Lampe aus und lasse sie auf den dicken Teppichboden im Hotelzimmer scheinen. Ich schlafe schon ein, bevor ich den Kopf auf dem Kissen habe, wache nach ein paar Stunden aber auf und kann nicht mehr einschlafen. Der schwache Schein der Lampe schafft ein behagliches, fast träumerisches Licht im Raum. Jesus leuchtet und hält seine Hand über mir.

Zum hundertsten Mal hole ich mir innerlich noch einmal das Bild hervor, das die Begegnung zwischen meinem Zwilling und dem Zwilling aller Zweifler, Thomas, mit Jesus zeigt. Auch wenn die biblische Geschichte nur spärliche Hinweise gibt, kann man den Eindruck gewinnen, dass Thomas nicht nur um seinen Glauben ringt, sondern um seine Zugehörigkeit. Seinen

Platz nicht zu finden, gleicht einer Verwundung. Wer es selbst erlebt hat, wer einmal außen vor war, der weiß, wie weh das tut. In der Einsamkeit geht man ein. Wo einem die Voraussetzungen für gutes Wachstum genommen werden, verkümmert man wie die Fliederbüsche im Garten unserer Nachbarn. Und nicht selten führt es dazu, dass man sich selbst anklagt, dass man beginnt, sich mit seinen Defiziten zu beschäftigen und schließlich Selbstvertrauen und Zuversicht verliert. Nichts ist schlimmer, als verlassen und von anderen aufgegeben worden zu sein. Genau deshalb ist es so riskant, einen Menschen zu lieben.

In vielen der Geschichten rund um den Apostel Thomas geht es um Wundertaten und Heilungen. Mir wird klar, dass ich die Begegnung von Jesus und Thomas auf das Thema Überzeugung begrenzt habe: Der schwankende Thomas bekommt den Beweis, den er braucht. Vielleicht geht es aber vor allem um Kontakt und nicht darum, wie Thomas überzeugt wird? Um einen Kontakt, der aufrichtet? Denn da begegnen sich zwei Männer, die wissen, wie es sich anfühlt, verlassen worden zu sein. Ist es diese Wunde, die heilt, als Thomas Jesus trifft? Vielleicht war das Gefühl der Verlassenheit das, was Thomas im Tiefsten wehtat. Jetzt begegnet er dem, der die äußerste Einsamkeit geschmeckt hat und der schrie: »Mein Gott, mein Gott, warum hast du mich verlassen?«

Gerade während ich diese Sätze schreibe, wird im Radio Mauro Scoccos Song *Alla har ont någonstans* (*Jeder spürt irgendwo einen Schmerz*) gespielt. Das Leben wird erträglicher, wenn man nie vergisst, dass das so ist.

Die Wunde kann eine äußerliche sein oder eine innerliche, aber alle Menschen sind auf irgendeine Weise verwundet – eine Tatsache, die keine Ausnahmen kennt.

Da gab es dieses alte Lied, das in der Philadelphiagemeinde von Kramfors bei Gebetsversammlungen gesungen wurde, als ich jung war. Ich verstand es damals nicht und eigentlich verstehe ich es immer noch nicht, aber ich erinnere mich, wie sie von der Gnade sangen, die dem Schlechtesten doppelt erteilt wurde. Und davon, dass man »in einer Wunde wohnen« kann …

An der Quelle trifft sich eine Geschwisterschar erlöster Schafe,
nichts fehlt ihnen, denn sie wohnen in der Wunde.

Ich fand das Lied äußerst seltsam. Die Bilder passten nicht richtig zusammen; erst ist da eine Geschwisterschar, dann sind es Schafe, die in der Wunde wohnen. Heute finde ich es schön. Etwas daraus findet sich in der Begegnung von Thomas und Jesus.

Ich stehe leise auf und lese im Schein der Jesuslampe die Thomasakten noch einmal. Plötzlich ist mir völlig klar, dass die Heilungen das hervorstechende Merkmal von Thomas' Mission waren. Die Legenden rund um seine Person erzählen von unzähligen Wundertaten, bei denen Menschen körperlich gesund wurden. Berichtet wird von 1054 Heilungswundern, darunter 94 Totenerweckungen.

Mein Zimmerfenster zeigt zum Pool hinaus. Die Umgebung des Hotels ähnelt eher einem Slum als einer Wohngegend. Längs der Straßen und eines Bachs liegen unglaubliche Mengen an Müll. Überall brennen Feuer, die verraten, dass dort, wo man nur Müllhalden erkennt, Menschen wohnen. So sieht es in der Welt aus. Leider. In dieser Nacht wird mir der Kontrast zwischen dem stillen, schönen und fruchtbaren Galiläa und dem schmutzigen, lauten und anstrengenden Indien so richtig deutlich.

In Gedanken gehe ich noch einmal Thomas' Reise nach; ich bin der Zwillingsbruder, der heimlich mitreist: Zuerst nach Jerusalem, dann den ganzen Weg über Ströme und Meere, diese monotone Reise auf der Nulllinie – Zeit, um die Berufung zu erproben und zu vertiefen –, und weiter bis zur Ankunft in dem Land, in dem Thomas' Leben zu seiner Blüte und Gestalt findet. Die Thomasbewegung wächst. Bald zählt man hunderttausend Menschen oder mehr, die dazugehören, und dann, zwanzig Jahre später, endet alles auf jener Anhöhe außerhalb von Chennai, mit einer Lanze im Rücken. Im Licht der Erzählungen des Neuen Testaments ist das kein Misserfolg, sondern der normale Gang der Dinge. Die ersten Glaubenden werden ausgestreut wie eine Saat, heißt es. Die Geschichten der Märtyrer definieren Erfolg auf neue Weise: Erfolg ist nicht das Glück auf kurze Sicht; es bedeutet, unbeirrt das zu tun, wovon man weiß, dass man es in dieser Welt tun soll. Ohne auf das Resultat zu schauen.

Erfolg ist nicht das Glück auf kurze Sicht; es bedeutet, unbeirrt das zu tun, wovon man weiß, dass man es in dieser Welt tun soll. Ohne auf das Resultat zu schauen.

C.S. Lewis schreibt in einem Briefwechsel mit seinem

Freund Malcolm: »Es ist nicht deine Aufgabe, Erfolg zu haben, sondern das Richtige zu tun. Wenn du das tust, tut Gott alles Übrige.« Besser für etwas sterben, woran man glaubt und wofür man brennt, als ein ganzes Leben innerhalb der Sicherheitsabsperrung zu verbringen. Man kann für das Leben keine Kosten-Nutzen-Rechnung aufstellen, genauso wenig wie für den Glauben. Es ist und bleibt ein Abenteuer, so unsicher wie der Thomasberg.

Und deshalb sitze ich hier zwei Jahrtausende später und erneuere still für mich selbst das Einverständnis mit meiner Berufung. Mein Ja. Mir sind alle Formen von Fanatismus zuwider, aber das hier will ich nicht verlieren: dass ich mein Leben geben darf – meine Zeit, meine Kraft, mein Engagement und meine Karriere –, um in dieser Welt etwas wachsen zu sehen. Etwas von bleibendem Wert.

Ich bin Thomas bis hierhin gefolgt, und ich habe vor, seinem Beispiel weiter zu folgen. Ich will mein Leben für etwas geben, das ich verstanden habe, als ich 19 war und die Zeltplanen in Nordingrå flatterten, in meinem *seed moment*.

Vieles von diesem »Etwas« steckt schon in Thomas' eigenen Worten, wie sie die Bibel übermittelt: »Wir wollen mitgehen – und mit ihm sterben« (Johannes 11,16). Jesus will zurück nach Judäa, doch die anderen Jünger warnen ihn und erinnern ihn daran, dass er dort vor Kurzem beinahe gesteinigt worden wäre. Die Angst hat die Männer im Griff – alle außer einem, der ›der Zweifler‹ genannt wird.

Thomas hätte sicherlich weiter als Fischer arbeiten können, wie die anderen es taten. Er hätte eine Familie gründen und seinen Frieden haben können, vermutlich wäre er dabei mehr oder minder glücklich geworden. Wenn sein Weg nicht den von Jesus gekreuzt hätte.

Sein Ja führte ihn hierhin, auf den St. Thomas Mount. So kann ein Leben enden. Aber was begann damals? Die Fortsetzung unserer Reise wird es uns zeigen. Thomas ist wie ein kleines Saatkorn über die Ozeane geblasen worden. Sein Leben wird in einer neuen Umgebung Wurzeln treiben.

Wenn der Wind in eine bestimmte Richtung weht, tut man gut daran, loszulassen und auf die Reise zu gehen. Weniger zu fragen und mehr zu wagen. In dieser Nacht überkommt mich ein Gefühl überwältigender Freude, weil ich weiß, dass ich mein Ja gefunden habe. Dazu fühle ich einen schier unbezwingbaren Willen, alles zu tun, was in meiner Macht steht, um Menschen um mich herum zum Blühen zu bringen. Wenn man den Ruf gehört hat, gibt es keinen Weg zurück.

Es wimmelt von Thomassen in Kerala

»Indien war nie leicht zu verstehen. Vielleicht ist es zu tief, zu widersprüchlich oder zu unterschiedlich. Nur wenige Menschen haben heutzutage Zeit oder Lust, mehr zu sehen als die Oberfläche.« Das sind Worte, die Indira Gandhi einmal sagte, als ihr Land von Fremden kritisiert wurde.

Es gibt Dinge, die man messen kann, und Dinge, die man nicht messen kann. Bei vielem, was mit dem Geheimnis eines guten Lebens zu tun hat, geht es genau darum: mehr zu sehen als das, was an der Oberfläche, was messbar ist, es zu schaffen, in einer Welt zu leben, die zwischen dem, was man sieht, und dem, was man nicht sieht, nicht unterscheidet. Ich glaube, dass eine Kraft darin liegt, sich Ziele und Teilziele zu setzen, also Entwicklung nachprüfbar zu machen, weil darin ein Ansporn liegt. Aber manches, das doch auch wirksam ist, lässt sich nicht messen, es bleibt verborgen.

Ich sehe in Thomas einen Mann, dessen Blick nicht an

der Oberfläche hängen bleibt. Große Träume zu haben, kann einen Menschen teuer zu stehen kommen. Dennoch glaube ich immer mehr an die Kraft gerade der Träume, die so groß sind, dass man nie an sie heranreicht. Wenn man sich dagegen ärmliche Lebensziele steckt, ist das Risiko groß, dass man sie erreicht.

Einer meiner Reisebegleiter – der übrigens, um die Sache einfacher zu machen, auch Tomas heißt – äußerte während unserer Reise immer wieder mal den Gedanken, dass erreichte Ziele nicht unbedingt zur Zufriedenheit führen. Sie können genauso gut ein Gefühl von Sinnlosigkeit erzeugen. Deshalb ermutige ich Menschen auch gern, unrealistische Träume zu hegen.

Wir fliegen am 31. Dezember mit Air India nach Kochi an der Westküste im Bundesstaat Kerala und beginnen den Silvesterabend bei einem Treffen charismatischer Christen am Rande der Stadt. Hier erlebe ich wieder einmal die laute und aufdringliche Frömmigkeit, in der ich mich seit einigen Jahren nicht mehr zu Hause fühle. Dreitausend Menschen bewegen sich wie ein wogendes Weizenfeld, das ist ein intensives Erlebnis, hat aber auch etwas Gekünsteltes und Gezwungenes. Von dem, was gesagt wird, verstehen wir nicht viel. Nach gut zwei Stunden gehen wir.

Ich möchte mich darin üben, allem mit einem Ja zu begegnen, nicht unkritisch, aber im Vertrauen auf die guten Absichten und das Herz, das dahintersteht. Im Rückblick auf diesen Abend bin ich darüber froh: Als wir einige Tage später einen Mann treffen, der an dem Treffen mitgewirkt hat, lernen wir eine ruhige und zurückhaltende Person kennen, die die Dinge durchdenkt und von einer beeindruckenden Arbeit unter Indiens Ärmsten berichtet.

Spät am Abend sind wir zurück im Hotel. Es ist Silvester. Punkt zwölf Uhr tanze ich mit Esther, der zwölfjährigen Tochter unserer Freunde. Wir lachen und filmen uns selbst mit unseren Handys. Ein neues Jahr beginnt.

Ich möchte mich darin üben, allem mit einem Ja zu begegnen, nicht unkritisch, aber im Vertrauen auf die guten Absichten und das Herz, das dahintersteht.

Das Ziel meiner Indienreise waren nicht in erster Linie die heiligen Orte, die heute eine Mischung aus Pilgerstätte und Touristenfalle sind. Eigentlich weiß ich gar nicht genau, was ich gesucht habe; ich wollte einfach nach Indien, um Thomas kennenzulernen, und hoffe, ihm näherzukommen, während ich die Orte besuche und die Welt sehe, die zu seiner Welt wurden. Und ich will wenigstens einen kleinen Eindruck von der christlichen Kirche bekommen, zu der heute etwa sieben Millionen Menschen gehören und die in ihrer eigenen Existenz den stärksten Beweis dafür sieht, dass Thomas wirklich in Indien war. Die Mitglieder der vielen verschiedenen christlichen Denominationen, in die sich die indische Christenheit aufteilt, beschreiben sich alle mit demselben Namen: Thomaschristen.

Es gibt interessante Verbindungen zwischen Stanley Jones und den Christen in Kerala. Die mit Abstand größte Feier anlässlich des achtzigsten Geburtstags von Jones fand bei einem Konvent der Ma-Thomas-Kirche in Kerala statt. 75 000 Menschen waren damals versammelt und sie feierten gleichzeitig auch seinen fünfzigsten »Geburtstag« als Indienmissionar. Jones hat seine Begegnungen mit dieser frühchristlichen Kirche mehrfach geschildert – mal bewundernd, mal besorgt. Jedes Jahr besuchte er den Konvent der Thomaschristen und angeblich war er es, der das Geld für ihre erste Lautsprecheranlage sammelte. Er schreibt, dass er unter diesen Christen »eine spürbare geistliche Bewegung«, »Ströme der Geistkraft« und »einen Glauben, der tätig wird« fand.

Wenn man eine christliche Kirche kennenlernen möchte, die ganz anders ist als die schwedische, die nicht europäisch ist, nicht westlich, aber ungefähr genauso alt wie die westlichen Kirchen, dann muss man hierhin kommen, nach Kerala oder an die Malabarküste im Südwesten Indiens, eine Gegend, die nicht von ungefähr *God's own country* (Gottes eigenes Land) genannt wird.

Kerala ist ein anderes Indien, ein fruchtbareres, schöneres und reicheres Land als die meisten anderen Teile des Subkontinents. Eines der Produkte, die von Kerala exportiert und von hier aus in die Mittelmeerregion verschifft wurden, ist Pfeffer. Daher stammt die Redewendung: »Geh doch dorthin, wo der Pfeffer wächst!« Kerala ist ein relativ kleiner Bundesstaat, nicht größer als Jämtland, hat aber 35 Millionen Einwohner[10]. Hier leben mehr Frauen als Männer, die Kindersterblichkeit ist niedrig, die Lebenserwartung vergleichsweise hoch. Auf den Backwaters, einem weitverzweigten Netz von Wasserstraßen, kann man Boot fahren. Zu diesem Netz gehören fünf große Seen, in denen die natürlichen und die vom Menschen angelegten Kanäle zusammenlaufen, dazu

38 Flüsse – alles in allem sind das etwa neunhundert Kilometer Wasserweg.

Überall liest man den Slogan »God's own country«, und hier und da findet man Reste von alten Steinkreuzen, Zeichen des frühen Christentums, dessen Urahn der Apostel Thomas ist. Heute sind etwa ein Fünftel der Einwohner von Kerala Christen.

Es wundert einen nicht, dass viele Menschen, die einen spirituellen Hunger und Durst verspüren, in dieses Land pilgern. Es *ist* ein spirituelles Land. Hier gibt es alles gleichzeitig, alle Arten von Spiritualität und Religiosität auf kleinstem Raum. Man kann vom melancholisch klingenden muslimischen Gebetsruf geweckt werden, beim verhaltenen Klang der christlichen Glocken frühstücken und sein Abendessen beim hellen Klingeln und Bimmeln der hinduistischen Glöckchen einnehmen.

So wie Indien ein einzigartiges und komplexes Land ist, so ist auch die Christenheit hier vielfältig und nur schwer zu bergreifen und zu beschreiben. Wer darlegen möchte, wie die Christen in Indien organisiert und wo sie aktiv sind, könnte auch versuchen, das Bewegungsmuster eines Bienenschwarms zu beschreiben. Je mehr ich darüber lese, umso verwirrter werde ich – und umso mehr fasziniert es mich. Von *den Christen* in Indien zu sprechen, ist ganz unmöglich, eher lässt sich von Spielarten des Christentums und von verschiedenen Zusammenschlüssen reden. Alle haben sie sich auf ihre Weise mit der indischen Kultur vermischt und gleichen deshalb keiner anderen Kirche auf der Welt.

In Kerala gibt es ein christliches Leben, das auffallend lebendig ist. Kirchen und Klöster stehen quasi Wand an

Wand. Aber die christliche Kirche als Ganze ist zersplittert: Katholiken vieler verschiedener Richtungen, Syrisch-Orthodoxe – auch sie aufgespalten in verschiedene Fraktionen –, dazu viele Varianten des protestantischen Glaubens. Aber wen man auch danach fragt, wie die christliche Botschaft denn die eigene Kirche erreicht habe – alle antworten, dass es Thomas, der Jünger Jesu war, durch den die Vorväter Christen geworden seien. An diesem Punkt gibt es keinen Zweifel. Es ist so unbestritten wie Jesu Geburt in Bethlehem.

Mein Reisebegleiter Tomas und ich lassen unsere Lieben in Kochi und brechen früh am Morgen auf, um nach Kottayam zu reisen, die Stadt, die so etwas wie die Radnabe des Thomaschristentums sein soll. Über einen Kontakt, den die Zeitung Malayala Manorama vermittelt hat, sind wir von zwei theologischen Ausbildungsstätten eingeladen worden.

Der Verkehr fließt hier viel ruhiger als in Chennai, dafür aber quälend langsam. Für die sechzig Kilometer zwischen den beiden Städten brauchen wir fast dreieinhalb Stunden. Der Weg führt durch dicht belaubtes Grün, durch Reis- und Kaffeeplantagen, vorbei an Mangrovensümpfen, Mango- und Cashewnussbäumen und unzähligen Kokospalmen. Es ist eine unbeschreiblich schöne Landschaft, und wir fühlen uns den ganzen Tag, als wären wir Teil eines Films.

Fast alle Männer, die wir an diesem Tag treffen, heißen – genau wie wir – Thomas, nur eben mit H geschrieben, wie im Englischen üblich. In Kerala wimmelt es nur so von Thomassen, ein klares Zeichen für den durchschlagenden

Erfolg des Zwillings aus Galiläa. Auch Wege, Schulen, Kirchen, Kioske und Brücken heißen nach ihm. Zweitausend Jahre sind vergangen, aber Thomas' Bedeutung scheint eher zu- als abzunehmen. Wenn man »Thomas!« ruft, bekommt man aus jeder Richtung Antwort.

In Kottayam liegen die drei bedeutendsten theologischen Seminare der Region: ein katholisches, ein syrisch-orthodoxes und das der Mar-Thomas-Kirche, einem Zweig der syrischen Kirche. In allen dreien gibt es einen Fachbereich, der sich auf die Geschichte, den Glauben und die Liturgie der Thomaschristen spezialisiert hat.

Wir verbringen den Vormittag im ältesten nicht-römisch-katholischen Seminar Indiens, das zugleich das erste orthodoxe theologische Seminar Asiens ist, im Volksmund *Old Seminary* genannt. Es ist schwülwarm. Wir sitzen in tiefen Rattansesseln auf einer Veranda, an deren Decke große, lautlos rotierende Ventilatoren für etwas Kühle sorgen. Im Aquarium neben uns wühlen einige Goldfische im Bodengrund, und etwas oberhalb von uns, am Schwarzen Brett, hängt das Foto der Abschlussklasse des Seminars. Unsere Gastgeber laden uns zu einem kaffeeähnlichen Getränk ein, das hauptsächlich aus Milch und Zucker besteht, vielleicht auch einer Messerspitze Kaffeepulver.

Dr. V.P. Varghese, emeritierter Professor für Liturgie, und Dr. Kurian Thomas, Autor des Buchs *The Way of St. Thomas*, schenken uns unbegrenzt Zeit. Wir sprechen über die Glaubwürdigkeit der Berichte, die von Thomas' Reise an diesen Ort erzählen, und sie weisen uns auf historische Texte hin, auf Funde von römischen Münzen und die Häufigkeit des Namens Thomas, der vor allem entlang des vermuteten Reisewegs des Apostels vorkommt.

Nicht die Spur eines Zweifels. Thomas war hier, und die beiden betrachten sich selbst und die Kirche, zu der sie gehören, als den besten Beweis dafür. Sie nennen sich Nazarener, weil sie sich als unmittelbare Nachfolger des Jesus von Nazareth verstehen, und sie erzählen, wie selbstverständlich es für sie ist, späte Nachfahren des Apostels Thomas zu sein, der im Jahr 52 n.Chr. über das Meer hierhin kam. Das Handelsschiff aus dem Vorderen Orient soll jedes dritte Jahr an der Südküste Indiens angelegt haben – ein etwas dünner Fahrplan, aber die Reise war nun einmal lang und gefährlich, erzählt Dr. Thomas.

Er berichtet uns, dass er jahrelang versucht hat, die verstreuten Informationen zur Geschichte der Thomaskirche in Südindien zu sammeln. Die beiden Forscher beschreiben eine christliche Kirche, die sich genauso früh etabliert hat wie die westliche Kirche, nämlich im ersten Jahrhundert nach Christus, und die ihren eigenen Charakter bewahrt hat, trotz aller Versuche von Engländern, Portugiesen oder anderen, sie zu annektieren und »einzugemeinden«.

Bis zur Ankunft der Portugiesen zu Beginn des 16. Jahrhunderts war die Thomaskirche *eine* Kirche, aber dann begann die Zersplitterung. Eine traurige Geschichte. Auf einem dünnen Stück Papier skizzieren die beiden mit feinen, sorgfältigen Strichen, wie die zunehmende Verästelung sich darstellt. Je länger sie diese Zeichnung vervollständigen, desto tragischer fühlt sich die Zersplitterung an.

Am späten Nachmittag treffen wir Dr. Sunny Matthew vom Mar Thoma Theological Seminary. Er erzählt uns ebenfalls von den Handelswegen, die schon vor der christlichen Zeitrechnung Südindien mit Palästina verbanden und auf denen Kräuter und Luxusartikel transportiert wurden. Sogar das Material für König Salomos Tempel in Jerusalem soll von hier aus verschifft worden sein.

Dr. Matthew erzählt aber auch, dass es zwei Traditionsstränge gibt, die sich »prügeln«, was die Geschichtsschreibung rund um die Mission durch den Apostel betrifft. Auf der einen Seite gibt es die syrische Tradition, die am besten dokumentiert ist und deren wichtigste Quelle die Thomasakten aus dem frühen zweiten Jahrhundert sind. Lange Zeit hielt man die Thomasakten mit ihren Geschichten von Thomas, Habban und König Gundafor für reine Dichtung – bis in Nordindien Münzen gefunden wurden, auf denen der Name eines Königs steht, der dem der Thomasakten auffallend ähnelt. Die zweite, indische Tradition, besitzt keine Dokumente. Als die Portugiesen im frühen 16. Jahrhundert die Westküste Indiens kolonisierten, taten sie alles, um die kirchlichen Traditionen, die sie vorfanden, auszulöschen. Alle alten syrischen Handschriften sollten zerstört werden. Es gelang – und das schriftliche Erbe der Thomaschristen wurde für alle Zeit vernichtet.

Möglicherweise gab es auch noch andere schriftliche Quellen über Thomas und sein Wirken, meint Dr. Matthew. So oder so konnte die Tradition der einheimischen Christen nicht zerstört werden. Sie lebt weiter in Erzählungen, Hochzeitsliedern und vielem anderen.

In beiden Gesprächen frage ich kurz nach Thomas als Vorbild, nach seinem Zögern, seinem Zweifel. Meine Gesprächspartner sehen mich erstaunt an. Als hätten sie mich nicht richtig verstanden. Dabei verstehen sie mich sehr gut, aber sie sind der Ansicht, dass ich Thomas viel zu sehr durch meine westliche Brille betrachte. Hier käme niemand auf die Idee, Thomas' Zweifel zu betonen. Alle drei glauben, dass Thomas nicht mehr gezweifelt habe als die anderen Jünger auch. Stattdessen betonen sie seinen Mut. Den Mut, aufrichtige Fragen zu stellen, den Mut, seiner Überzeugung und seiner Berufung zu folgen, den Mut, die abenteuerliche Reise über das Meer zu unternehmen, und nicht zuletzt den Mut, um seines Glaubens willen zu sterben.

Hier käme niemand auf die Idee, Thomas' Zweifel zu betonen. Stattdessen betonen sie seinen Mut. Den Mut, aufrichtige Fragen zu stellen, den Mut, seiner Überzeugung und seiner Berufung zu folgen, den Mut, die abenteuerliche Reise über das Meer zu unternehmen, und nicht zuletzt den Mut, um seines Glaubens willen zu sterben.

Je länger ich zuhöre, desto deutlicher steht mir das Bild des Umpflanzens vor Augen. Der Zögerer und Skeptiker wird von einem Standort weggenommen, an dem es ihm vielleicht nicht möglich war zu blühen, und er wird in einen neuen Boden eingepflanzt. Ein zweiter, ein anderer Thomas wird sichtbar – wie ein Zwilling des unsicheren ersten.

Alle Menschen, die wir an diesem Tag treffen, versichern uns, dass heutzutage ein gutes ökumenisches Klima herrsche, und unterstreichen den Willen zur Einheit. Auch wenn das Christentum nie zu den großen Religionen Indiens gehört hat, habe der Glaube hier tiefe Wurzeln, und es sei ein Glaube, der trotz allem Widerstand an seiner Geschichte festhalte; auch wenn sie gleichzeitig betonen, dass es den Thomaschristen nicht gelungen sei, das Kastenwesen wirklich zu überwinden, obwohl es doch unvereinbar ist mit dem christlichen Glauben. Die Kirche hier hat über Jahrhunderte daran festgehalten, dass Thomas an diesem Ort war, dass er predigte, sieben Gemeinden gründete, Gemeindeleiter auswählte und einige Wunder tat, bevor er nach Chennai weiterzog.

Ich lege das Schaubild der Zersplitterung zur Seite. Das richtige Leben lässt sich nicht auf einem Blatt Papier einfangen. Es nimmt die Wege, die es nehmen will. Und was Thomas' Taten betrifft, so ist sonnenklar, dass man für das eigene Tun, für das, was man anderen gibt, Verantwortung trägt – aber nicht für das, was aus dem eigenen Tun wird. Die Thomaschristen hätten ihr Erbe sicherlich besser verwalten können. Aber nun ist es, wie es ist, und niemand kann leugnen, dass sich hier Hotspots von sprudelndem geistlichen Leben finden, »Ströme der Geistkraft«, wie Stanley Jones es nannte. In Kerala hat so gut wie jedes Dorf seine eigene lokale Thomastradition.

Wir unterhalten uns darüber, dass dieser Teil der Christenheit im Westen weitgehend vergessen ist, dass nie von seiner Geschichte erzählt wird und wie spannend es ist, den eigenen Glauben im Licht einer anderen Kultur als der eigenen zu sehen. Ich frage mich, was es mit meinem eigenen Glauben macht, wenn ich ihn in anderen Kleidern sehe. Wenn nichts dem ähnelt, was man gewohnt ist, wird man gezwungen, danach zu fragen, was der Kern und was nur die Hülle ist. Darüber habe ich schon oft nachgedacht. Diese Frage betrifft uns heute genauso wie die Christen im ersten Jahrhundert. Auch sie verbindet unsere Epochen.

Hingabe ist der Schlüssel zum Leben

Es ist extrem heiß an dem Morgen, an dem wir zur letzten Station unserer Reise weiterreisen. In Kodungallur, manchmal auch Cranganore genannt, einem kleinen Hafenort in der Nähe von Muziris, soll Thomas an Land gegangen sein. Bis auf ein paar ältere Männer, die in einer verdreckten kleinen Bar sitzen, sind wir die Einzigen hier. Der Boden der Bar besteht aus festgetretener Erde, in einer Ecke, an einer Art Grillplatz, brennt ein offenes Feuer. Die Luft steht.

Etwas weiter weg, an der Stelle, wo Thomas das Land betreten haben soll, ist ein großes Zentrum gebaut worden. Hier gibt es einen Aschram, eine Kirche, eine etwas verlotterte Buchhandlung und natürlich einen Souvenirladen. Ich kann nicht mehr verhehlen, dass ich eine kleine Schwäche für religiösen Kitsch habe, und kaufe deshalb zunächst das komplette Nachschlagewerk *The Thomapedia*, einen Wackerstein von etwa einem Kilo, der alles enthält, was man über die Thomaschristen in Kerala wissen muss, aber dann auch fünf Schlüsselanhänger mit dem Zwilling auf der einen Seite und seiner weiblichen Schutzpatronin auf der anderen Seite, dazu eine Reihe Postkarten und Bilder.

Wir flanieren ausgiebig durch Kodungallur, unterhalten uns mit einigen Nonnen, schauen den Aschram an und sitzen eine Weile in der Kirche, in deren Reliquienschrein angeblich ein Stück von Thomas' Unterarm aufbewahrt wird. Der Unterarmknochen wurde am 6. Dezember 1953 in einer feierlichen Zeremonie von Ortona in Italien hierher überführt. Die Bilder des Festgottesdienstes kann man in der Kirche betrachten: Es müssen Tausende von Menschen gewesen sein, die daran teilnahmen, und sie alle wollten nach eigenem Bekunden von der Hand gesegnet werden, die an Jesu Wunde gerührt hatte.

Meine Skepsis, was Reliquien angeht, bleibt unangefochten. Selig sind, die nicht sehen und doch glauben.

Ganz in der Nähe von hier soll Thomas auch die erste der sieben (oder siebeneinhalb, wie immer wieder betont wird) Kirchen gegründet haben, die sich bis heute auf seine Tätigkeit in der Küstenregion zurückführen. Nur drei von ihnen sind als Originalbauten erhalten, die anderen wurden an der Stelle erbaut, an der die Originale gestanden haben sollen. Wir werden Zeugen einer sogenannten Multimediashow zum Leben des heiligen Thomas: Während ein Film läuft, werden verschiedene Dinge im Raum beleuchtet. Eine etwas altertümliche Methode, die aber ihre Wirkung hat.

Die kleinen Schiffe im Hafen sehen aus, als wären sie es gewesen, die die Kaufmänner und Missionare einst vom

Orient hierhin brachten. Die großen, farbenprächtig bemalten und ziemlich einfachen Segelboote haben etwas Zeitloses.

Nach allem, was ich im letzten Jahr über diesen Ort gelesen habe, fühlt es sich irgendwie unwirklich an, jetzt tatsächlich hier zu sein. Ich versuche immer wieder, mir vorzustellen, wie es für Thomas gewesen sein muss, hier anzukommen – nach einer Segelfahrt, die damals vermutlich vierzig Tage und vierzig Nächte dauerte, einer äußerst abenteuerlichen Reise über das große Meer.

Was traf er an? Es gab hier bereits eine jüdische Bevölkerungsgruppe, deren Wuzeln weit zurückreichten, etwa bis ins Jahr 500 v.Chr., und man geht davon aus, dass Thomas sich in der ersten Zeit vor allem bei ihnen aufhielt. Er ging in die Synagoge und begann dort, vom auferstandenen Christus zu erzählen. Es kam zu den ersten Bekehrungen, und natürlich ist es kein Zufall, dass die sieben Kirchen, die Thomas gegründet haben soll, sich dort befinden, wo damals schon jüdische Versammlungsorte waren. Recht bald erwuchsen daraus Gemeinden, die jüdische Wurzeln mit indischem Blut verbanden. Irgendjemand hat einmal das Thomaschristentum beschrieben als hinduistisch, was die Kultur angeht, christlich, was die Religion betrifft, und jüdisch, wenn man Gebet und Liturgie betrachtet.

Auf dem Heimweg halten wir an der St. Joseph Church in Kunnatnad, weil unser Fahrer diese Kirche kennt. Der Gottesdienst hat gerade begonnen, und das Gebäude ist brechend voll. Es ist eine seltsame – und wunderbare – Mischung aus Weihrauch, Sich-Bekreuzigen und Gesängen, die klingen wie die Erweckungslieder meiner

Kindheit. Ganz hinten gibt es noch Stehplätze für uns. Vor uns schläft ein Kleinkind in den Armen seiner Mutter, die sich im Rhythmus der Musik wiegt. Wir könnten genauso gut bei der Zeltmissionsversammlung in Nordingrå sein, in der ich mein Ja zu etwas sagte, von dem ich so gut wie nichts ahnte. Ich fühle mich auf seltsame Weise ganz und gar zu Hause.

Tags drauf wache ich früh am Morgen auf und schleiche mich auf die kleine schattige Veranda. Hier verschmilzt das Brummen des Kühlaggregats unseres *Guest House* mit dem Lärm der ersten Flugzeuge, die sich am nahen Flugplatz in die Luft heben. Ich mache mir noch einmal klar, dass man den Glauben auch aus einer ganz anderen Perspektive betrachten kann. Was am christlichen Glauben ist universell – und was gehört zu seinem jeweiligen kulturellen Rahmen?

Ich ahne, dass viele von denen, die der christlichen Kirche den Rücken kehren, sich nicht von Christus, sondern vom Christentum abwenden wollen.

Ich ahne, dass viele von denen, die der christlichen Kirche den Rücken kehren, sich nicht von Christus, sondern vom Christentum abwenden wollen, also dem »Überbau«, den wir geschaffen haben. Aber wie sollen wir den Kern von der Hülle trennen? Das Unverzichtbare vom Variablen? Wegen dieser Fragen sind mir die Schriften von Stanley Jones schon seit mehr als zwanzig Jahren wichtig. Er hat sich ja sein ganzes Leben lang mit ihnen herumgeschlagen. Eines meiner Bücher, die am meisten zerlesen aussehen, ist von ihm und heißt

Sermon on the Mount (*Bergpredigt*)[11]. Anfang der Achtzigerjahre ist es auf Schwedisch neu erschienen. Jones zeigt in diesem Buch eine Offenheit, die der des Thomas verwandt ist, er skizziert einen weiten Horizont und legt dar, dass man in der Nachfolge Jesu sehr wohl in einem positiven Geist auf Menschen anderer Religionen oder Weltanschauungen zugehen kann. Es ist nicht alles schlecht, was von »den anderen« kommt.

Jones brachte diese Erkenntnis dazu, immer das Gute zu suchen – wie Jesus, sein Vorbild. »Er [Jesus] sammelte und bewahrte alles Schöne, alle Wahrheit, alles Gute in dem, was schon bestand, und vollendete oder vervollständigte es in seiner eigenen Person«, schreibt er.

Natürlich brachte diese Haltung Jones auch Ärger ein. Im Laufe der Jahre wurde er häufig dafür kritisiert, dass er immer darauf bedacht war, einen Nichtchristen zum Vorsitzenden seiner Versammlungen zu machen. Man warnte ihn, dieses Verhalten könne alles untergraben, was er sage. »Es waren ernsthafte, aber nervenschwache Verteidiger des christlichen Glaubens, die so etwas sagten«, schreibt er. Und an anderer Stelle erwidert er seinen Kritikern: »Wenn unsere Botschaft das nicht aushält, dann ist es besser, sie geht zugrunde.« Wenn Christus die Wahrheit ist, so Jones, dann ist alles, was sich ihm entgegenstellt, nichts als ein kleine, sich kräuselnde Welle am Fuße der Felsen von Gibraltar.

In Stanley Jones traf ich einen Mann, der seiner Zeit hundert Jahre voraus zu sein schien. Selbst heute kommt es mir vor, als spräche er mehr aus der Zukunft als aus der Vergangenheit zu uns. Er zeigt sich ungeschützt, sein Glaube ist sozusagen nackt. »Ich beschloss, der Wahrheit zu folgen, wohin auch immer sie mich leiten würde«, sagt er in *Der Christus der indischen Landstraße*, und er beschreibt, wie unsicher er sich fühlte, als er den Halt verlor, den das Sichere und Gewisse ihm geboten hatten, Dinge, die jetzt dahinschwanden. Wohin sollte das noch führen?

Und doch reiste er weiter mit dem Wind. Und es kam der Tag, an dem er zu seinem eigenen Erstaunen feststellte, dass er keinen Zoll von seinem eigenen Glauben abgerückt war: »Die großen, sicheren Wahrheiten waren unberührt geblieben.« Jetzt waren sie es, die ihn hielten, und nicht mehr er, der sich an ihnen festklammerte. Der Unterschied war erheblich, und Jones beschreibt diese Veränderung als eine große Erleichterung. Nur seine Erfahrungen mit Christus gaben ihm in den Turbulenzen innerer Konflikte Halt.

Es ist diese Art zu denken, die Stanley Jones' Missionstätigkeit nachhaltig prägte. Wenn er einer ihm unbekannten Kultur begegnete, dann wusste er, dass Christus niemals ein Feind dieser Kultur war, sondern ein Bewahrer jeder guten Eigenschaft, Lehre und Ausrichtung dieser Kultur. Gleichzeitig machte er deutlich, dass es nicht um Religionsvermischung ging, sondern um Demut und Respekt in der Begegnung mit anderen.

An diesem Punkt kommen viele Dinge zusammen, in denen ich selbst wachsen möchte: der Mut, mich allem mit einem Ja zu nähern; bevor man über das diskutiert, was uns unterscheidet, das ansprechen, was uns verbindet; bevor man beginnt, die Fehler und Schwächen zu analysieren, die Stärken und Verdienste in den Blick nehmen. In diesem Geist kann etwas wachsen, in diesem lichtspendenden Zutrauen kann das Pflänzchen Glauben Blätter treiben. Ich habe es schon zu oft erlebt, um daran noch zu zweifeln.

Hingabe war für Stanley Jones ein Schlüsselwort. Sich Gott überlassen, sich aber auch dem Auftrag hingeben, den Menschen zu dienen. Jones glaubte, dass jemand, der einfach immer tut, was er möchte, schon bald nicht mehr mag, was er tut. Hingabe war für ihn dagegen der Schlüssel zum Leben, und er glaubte, wer das begriffen habe, habe alles Wesentliche begriffen. Alles andere im Leben müsse sich an der Hingabe messen.

Entscheidend auf diesem Weg war für Jones die Begegnung mit Gandhi, dem Freiheitskämpfer und Fürsprecher der Gewaltfreiheit. Die beiden begegneten sich zum erstem Mal im Jahr 1919, und Stanley Jones beschrieb dieses Treffen in einem Rundbrief an Freunde und Beter in den USA so:

> *»Ich habe ein Interview mit einem Inder geführt, der im ganzen Land bekannt ist. Ein Idol des Volkes. Er kann seine Hand heben, und es beginnt eine Revolution. Oder er hebt seine andere Hand, und eine Revolution wird verhindert. Er hat einen unerhörten Einfluss. Von außen betrachtet ist er ein Hindu, aber in seinen Überzeugungen ist er vom Christentum geprägt. Ich habe ihn gefragt, was wir tun müssen, um das Christentum zu einem natürlichen Teil des nationalen indischen Lebens zu machen und auf bessere Weise dazu beizutragen, dass die Nation sich aufrichtet. Gandhi hat vier Dinge vorgeschlagen: ›Als Erstes würde ich raten, dass Sie Christen, alle miteinander, anfangen müssen,*

wie Jesus Christus zu leben. Zweitens würde ich den Rat geben, dass Sie Ihre Religion in die Tat umsetzen, ohne ihr Gewalt anzutun und sie herabzusetzen. Drittens würde ich vorschlagen, dass Sie den Nachdruck auf die Liebe legen, denn die Liebe ist der Mittelpunkt und die Seele des Christentums. Viertens möchte ich raten, dass Sie die nicht-christlichen Religionen und ihre Kultur mit mehr Mitgefühl studieren, damit Sie das Gute finden, das in ihnen ist, sodass Sie mit mehr Mitgefühl an die Leute herantreten.‹«

Stanley Jones' Bericht von der ersten Begegnung mit Gandhi schließt mit den Worten: »Bevor ich ging, las ich einige Bibelverse und betete mit ihm zusammen.«

Später besuchte Jones Gandhis Rückzugsort Sabarmati in einem Vorort von Ahmedabad in der Provinz Gujarat. Sie hielten Kontakt zueinander und pflegten ihre Freundschaft bis zur Ermordung Gandhis im Jahr 1948 – eine Freundschaft, die es aushielt, dass sie einander zuweilen kritisch betrachteten und mit klaren Worten infrage stellten.

Heimat meint nur äußerst selten einen geografischen Ort. Heimat ist dort, wo ich richtig bin, das Umfeld, in dem ich in meinem Element bin.

Nur noch kurze Zeit, dann muss ich weiterreisen. Ich werde Indien verlassen und mich wieder nach Hause begeben. Schon jetzt weiß ich, dass diese Reise das Wort Heimat für mich ein für alle Mal neu definiert hat: Heimat meint nur äußerst selten einen geografischen Ort. Heimat ist dort, wo ich richtig bin, das Umfeld, in dem ich in meinem Element bin, dort, wo der Abstand bis auf ein absolutes Minimum schrumpft. Kramfors, Kochi und Tiberias werden zu Nachbarstädten.

Gemeinsam mit meinen Freunden habe ich mich auf Thomas' Weg »rückwärts« durch Indien bewegt. Wir waren in einem Land unterwegs, in dem es von Thomassen nur so wimmelt, und haben begriffen, dass der Fischerjunge aus Galiläa in allen Ländern und Kulturen Zwillinge hat. Es ist aber nicht vor allem unsere Neigung zu zweifeln, die uns zu Verwandten macht, sondern der Glaube, der das Wunder in unserem Leben ist, ein Glaube, der wie eine Blume in jedem Menschen zur Blüte kommen kann.

Das Kühlgerät scheppert, eine Zikade singt im Garten, ein Stück Stoff, das von einer Zeltplane sein könnte, flattert im Wind. Jetzt will ich nach Hause. Nun reisen wir heim.

»Kann das hier vielleicht mein Platz werden?«

Ich bin Thomas' Spuren gefolgt, so weit, wie ich es konnte. Ich habe versucht, seiner Geschichte zu lauschen. Wo ein Stück fehlte, habe ich es dazuerfunden, und das Gefühl, miteinander verwandt oder sogar Zwillingsbrüder zu sein, ist dabei immer nur gewachsen. Jetzt wünsche ich mir, dass er es ist, der mal eine Weile zuhört, mir, seinem spätgeborenen Nachfolger, der seinen Namen trägt. Es gibt so vieles, das ich ihm erzählen möchte.

Ich denke oft an einzelne Stellen, die ich in den Büchern der Langfahrtsegler gelesen habe. Die Segler erzählen von langen Passagen, zu denen sie aufgebrochen sind, vom Hin und Zurück und vom Kreuzen, um die Strömung zu treffen, die sie zum Ziel ihrer Reise bringen soll. Sie können deutlich merken, wenn sie den Golfstrom erreicht haben, weil das Wasser dort einige Grad wärmer ist. Das Meer ist ja nicht ein einziges großes Wasserbecken, das Meer ist dynamisch, im steten Wechsel begriffen und vor allem eine ganze Welt von Strömungen und Unterströmungen.

Davon will ich erzählen: Wie mein Kreuzen auf dem Meer mich ganz unerwartet dahin führte, dass ich mich in wärmerem Wasser wiederfand.

Mein Freund Martin Lönnebo, der bis zu seinem Ruhestand Bischof von Linköping war, sagte immer, jeder Mensch gehe mit einer besseren Version seiner Selbst schwanger. Etwas Hoffungsvolleres kann man eigentlich nicht sagen. Das Leben wird sehr viel spannender, wenn man davon ausgeht, dass Lönnebo recht hat – im Blick auf einen selbst und im Blick auf andere.

Nur sich selbst immer besser kennenzulernen, wird mit der Zeit zu einer ziemlich ermüdenden Angelegenheit. Ich verstehe die gute Absicht, die dahintersteckt, aber ich finde mich selbst nicht so spannend, dass es der Mühe wert wäre. Ich will meinen Platz finden, den Platz, an dem meine Gaben mit denen der anderen zusammenspielen können und wo wir gemeinsam etwas tun können, das der Einzelne nicht zustande bringen würde. Etwas, das größer ist als das »Projekt Ich«.

Ich gehöre nicht zu denen, die glauben, dass die Identität eines Menschen in ihm selbst verborgen ist, wie ein innerster Kern, der von vielen Schichten zugedeckt wird und den man herausschälen kann. Ich glaube vielmehr, dass die Identität etwas ist, das sich in der Beziehung zu anderen Menschen entwickelt. Dass das ganze Leben eine Gemeinschaftsangelegenheit ist und dass man erst, wenn man das wirklich verstanden hat, davon reden kann, zu sich selbst gefunden zu haben. Ich glaube, dass »wir«

wichtiger ist als »ich«. Dass »unser« wertvoller ist als »mein«.

An diesem Punkt hat die sogenannte Geistliche Erneuerung einen falschen Weg eingeschlagen. Sie verirrte sich auf der Jagd nach dem eigenen geistlichen Ich und ertrank in dem spiegelblanken Brunnen der Beschäftigung mit sich selbst. Eine Gemeinschaft, die man nur aufsucht, um selbst weiterzukommen, wird auch für den Suchenden schnell ungesund. Die Suche, auf die ich mich machen muss, ist eher die nach einer Zugehörigkeit, die mich umformt, die meine Kanten abschleift, damit das, von dem ich will, dass es wächst und zu meinem Ich wird, eine Chance bekommt, sich herauszubilden. Das kann man nicht in eigener Regie schaffen.

Ich glaube, dass das ganze Leben eine Gemeinschaftsangelegenheit ist und dass man erst, wenn man das wirklich verstanden hat, davon reden kann, zu sich selbst gefunden zu haben.

Um sich selbst zu erforschen, braucht man eine gute Begleitung, sonst endet die Suche in der Sackgasse. Gelingen kann es nur in der »Zusammenheit« mit anderen Menschen. Ich habe dieses Wort einem Freund aus Kalmar gestohlen, Jan Nordström. Jan macht unglaublich schöne Fotobücher und eines von ihnen heißt eben so, *Tillsammansheten*. Es erzählt von der Fußballmannschaft Kalmar FF – »obwohl es hier eigentlich nicht um Fußball geht. Eher darum, dass wir Menschen einander das Leben retten können. Wenn wir miteinander unterwegs sind«, schreibt er.

Sanna ist auf unsere Gemeinde, die Smyrnagemeinde, durch die Arbeit als Volontärin in einer Flüchtlingsunterkunft gestoßen, als diese Unterkunft im Winter 2015 geschlossen wurde. Eine wunderbare junge Frau, seit Langem schon arbeitsunfähig, mit einem Herzen aus Gold. Vorsichtig und mit Blick auf ihre Situation wohlüberlegt stieg sie in die Arbeit der Suppenküche für Obdachlose ein, erweiterte aber bald ihren Einsatz auf einige Tage in der Woche. Eines Tages fragte sie mich ganz bescheiden, ob sie die Mahlzeit, die sie sich immer mitbringe, in einer der Küchen in unserem Gemeindehaus aufwärmen dürfe. Ich sagte ihr, dass sie das selbstverständlich tun könne, am besten in dem Raum, in dem die Mitarbeiter zu Mittag essen. Als ich sie darauf hinwies, dass sie bei dieser Gelegenheit gleich ein paar Gemeindemitarbeiter kennenlernen könnte, antwortete sie mit einem Satz, der bei mir sofort hängen blieb: »Kann ich da vielleicht einen Platz bekommen?«

Ein Platz ist etwas anderes als eine Aufgabe oder eine Lücke im Dienstplan, die geschlossen werden muss. Es ist ein Ort, an dem alles zusammenläuft, sodass das Leben eins und ganz wird, obwohl die Dinge manchmal zusammenhangslos zu sein scheinen.

Ich habe lange nach dem richtigen Wort für diesen Platz gesucht, der so viel mehr ist als ein geografischer Punkt. An einem kühlen Herbstabend hörte ich einen Vortrag des Autors und Journalisten Göran Rosenberg in der Kirche von Säve, wo ich wohne, und er sprach über Heimat und Heimatlosigkeit angesichts der Flüchtlingsströme in Europa. Ich hatte nur einen winzig kleinen Notizblock in meiner Hosentasche, aber ich begann wie wild mitzuschreiben und habe meine Notizen später sogar abgeheftet.

Rosenberg erwähnte in seinem Vortrag den österreichischen Schriftsteller Jean Améry, der als Hans Mayer geboren wurde und Auschwitz überlebte. Es ging darum, wie dieser das deutsche Wort »Heimat« benutzte. ›Heimat‹ hat für deutsche Ohren einen viel stärkeren und auch romantischeren Klang als unser schwedisches »*hembygd*«. Heimat meint nicht nur einen geografischen Platz, sondern einen Seelenort. Der Begriff unterstreicht die Bedeutung, die der Ort der Kindheit und der familiären Wurzeln für das Gefühl der Zugehörigkeit hat. Unglückseligerweise hat die Propaganda der Nazis dieses Wort missbraucht. Und heutige rechte Gruppen missbrauchen es erneut.

In einem seiner Bücher schreibt Göran Rosenberg, dessen Vater selbst Häftling in Auschwitz war, er wundere sich nicht, dass das Wort Heimat solch eine Bedeutung in Amérys Sprache hat, obwohl der Autor zu Deutschland und der deutschen Sprache so deutlich auf Distanz ging. Aber da findet sich dieses Wort – vielleicht einfach, weil es sich durch kein anderes ersetzen ließ? »Wie viel Heimat braucht der Mensch?«, fragt sich Améry. Und die Antwort lautet: »Umso mehr, je weniger er von ihr mitnehmen kann.«

Ich verstehe Rosenbergs Zusammenfassung von Amérys Gedanken zur Heimatlosigkeit so: Heimatlos zu sein bedeutet, keinen festen Boden unter den Füßen zu haben. Es bedeutet, dass einem ein Platz fehlt, an dem man sich verständlich machen kann, ohne viel sagen zu müssen, und an dem man gesehen wird, ohne sich ständig bemerkbar machen zu müssen. Es heißt, dass einem der Zusammenhang fehlt, in dem das, was man ist und was man tut, etwas bedeutet – ungeachtet dessen, was man ist und tut.

Für mich als einen glaubenden Menschen haben diese Überlegungen auch eine tiefe geistliche Dimension, auf die ich später zurückkommen möchte. Aber wenn man das Negative dieser Beschreibung ins Positive wendet, ergibt sich die berührende Charakteristik eines Menschen, der zu seinem Recht kommt. In dem Buch über seinen Vater *Ett kort uppehåll på vägen från Auschwitz* (*Ein kurzer Aufenthalt auf dem Weg von Auschwitz*)[12] schreibt Göran Rosenberg über Södertälje, den Ort, an dem sein Vater ankam: »Es ist ein zu kleiner Ort für solche wie dich, mit zu wenigen Menschen, die verstehen, woher du kommst und was du mit dir trägst, mit einer Fabrik, die zu groß ist und zu dominant, als dass man sich von ihr befreien könnte, mit zu wenigen Ausgängen zu einer anderen Freiheit als der bereits abgesteckten und mit einem Horizont, der sich niemals richtig öffnen will.«

Ich weiß sehr wohl, dass diese Beschreibung sich auf eine ganz andere Situation bezieht als unsere heutige, eine mit vielen dunklen Vorzeichen, aber an dem Abend, an dem ich Rosenbergs Vortrag höre, finde ich doch endlich eine sprachliche Wendung, nach der ich lange gesucht habe: »seinen Platz finden«. Und ich begreife erst jetzt wirklich, wie stark es einen Menschen behindert, wenn niemand versteht, woher er kommt und was er mit sich trägt. Es kann einen Menschen geradezu brechen, wenn er sich in ein System einfügen muss, zum Beispiel in eine Organisation oder vielleicht auch in eine Kirchengemeinde, deren Maschinerie mit voller Kraft weiterarbeitet und die nicht danach fragt, wie es dem geht, der neu dazukommt.

Ich höre bei Améry auch das Echo eines anderen Autors, meines Vorbilds und meiner Zwillingsseele Norman Birger, der als Erwachsener am Kai von Svanö wanderte und mit seiner Heimat kämpfte. Er hatte die kleine Insel im Ångermanälven als Teenager verlassen, sich dann sein ganzes Leben lang dorthin zurückgesehnt – und er verstand erst, als er seine Heimat tatsächlich wiedersah, dass es das, wonach er sich gesehnt hatte, nicht mehr gab.

> *»Man kann nie zurückkehren«, schreibt er. »Man kann dorthin reisen, wo man herkommt, aber man kann nicht zurückkehren. Was wir die Heimat nennen oder die Welt der Kindheit, ist nur zum geringsten Teil ein Fleck Erde, Wald, See, Fluss, Haus oder Arbeitsplatz. Das Wesentliche ist der Zusammenhang, das menschliche Miteinander. Und der verändert sich ständig und sehr stark. Wenn man das nicht merkt, gehört man selbst zu dem, was dageblieben ist und sich verändert hat, gewachsen ist. Wenn man einmal fortgezogen ist, bleibt man für immer fremd. Da gibt es keinen Weg zurück. Aber man trägt alles mit sich. So wie es war. Und nur so ist es noch vorhanden.«*

Ganz ähnlich höre ich die Menschen sprechen, die noch nicht ihren Platz gefunden haben. Sie beschreiben eine Art der Heimatlosigkeit, die darin gründet, dass ihre Sehnsucht, gebraucht zu werden, von niemandem wahrgenommen und ernst genommen wird. Begabte Menschen, nach deren Gaben nie jemand fragt und denen ein Platz fehlt, um ihr Mittagessen und ihre Seele zu wärmen.

Wir haben eine gute Freundin, die aus dem Iran nach Schweden gekommen ist. Sie ist in unser Land geflohen, um das Leben ihres Sohnes zu retten. Sie ist charmant, klug und überaus sozial eingestellt. Dazu eine richtige Kämpferin. Sie erzählte uns einmal, dass ihr Bruder, der in Griechenland lebt, sie in Schweden besuchte und dabei eine ansehnliche Menge Oliven und edles Olivenöl mitbrachte, viel mehr, als sie und ihr Sohn selbst essen und verbrauchen konnten. Was sollte sie also damit machen?

Unsere Freundin nahm eine der schönen Ölflaschen und eine Dose mit griechischen Oliven und ging hinüber zu den nächsten Nachbarn in dem Villenvorort von Göteborg, in dem sie damals schon einige Jahre wohnte. Sie klingelte an der Tür und brachte ihr Anliegen vor.

»Bitte schön!«, sagte sie und reichte die Leckereien.

Aber die Nachbarn wollten ihr Öl nicht haben, und die Oliven auch nicht.

»Wir mögen keine Oliven«, sagten sie.

Sie kehrte um und trug ihre Gaben wieder nach Hause. Den ganzen Abend habe sie geweint, erzählte sie uns später. »Sie wollten nichts mit mir zu tun haben.«

Sie musste es so empfinden, egal welchen Grund das Nein der Nachbarn in Wirklichkeit hatte. Man kann die Gabe nicht vom Geber trennen. Wenn man die Gabe zurückweist, weist man immer auch den Geber zurück. Die Gabe nicht entgegenzunehmen, hat etwas zutiefst Kränkendes, unter anderem deshalb, weil der Wert einer Gabe nicht nur im Gegenstand liegt, er zeigt sich vielmehr in dem Augenblick, in dem die Freude, etwas zu geben, auf die Freude, etwas zu bekommen, trifft. Die Liebestat ist es, die die Gabe so kostbar macht.

Eine Gabe, die nicht entgegengenommen wird, ist per Definition keine Gabe mehr. Sie bleibt etwas, das man besitzt, und das hat einen ganz anderen Charakter. Deshalb ist es so ungeheuer wichtig, ein Umfeld zu schaffen, in dem Begabungen, eigene Beiträge, Talente und Träume gefragt sind. Es geht um Identität, darum, der zu werden, der ich sein möchte. Die Gabe, die ich einbringe, ist nur die Hälfte dessen, was dabei entsteht, den anderen Teil trage ich nicht selbst bei, ich kann ihn gar nicht beitragen, denn er liegt bei dem, der die Gabe entgegennimmt.

Die Gabe, die ich einbringe, ist nur die Hälfte dessen, was entsteht, den anderen Teil trage ich nicht selbst bei, ich kann ihn gar nicht beitragen, denn er liegt bei dem, der die Gabe entgegennimmt.

Gunnar Edmann (1915–1995), ein Autor geistlicher Schriften, wusste das und schrieb immer wieder über das, was er »die Gnade, gebraucht zu werden« nannte. Damit diese Gnade fließen kann, müssen wir unsere unsinnige Angst davor überwinden, um Hilfe zu bitten und Hilfe in Anspruch zu nehmen.

Mir ist aufgefallen, dass ich selbst auch oft Hilfsangebote ausschlage, obwohl ich sie eigentlich gern annehmen würde.

»Soll ich dich mit dem Auto mitnehmen?«, fragt jemand. »Danke, ist nicht nötig«, sage ich. »Ich kann den Bus nehmen.« Dabei sollte ich lieber antworten: »Ja, danke!«, und fröhlich ins Auto steigen. Denn das Annehmen von Hilfe erzeugt eine Wärme, die sonst verloren ginge.

Leider passiert das oft, wenn auch unabsichtlich, denn unsere Gesellschaft prägt uns ein: »Man selbst ist sein bester Knecht« und »Einsam ist stark« (*Anm. der Übers.:* beides sind bekannte schwedische Redewendungen). Doch man selbst ist sein schlechtester Knecht! Und einsam ist schwach! In dem Augenblick, in dem ich das Angebot einer Mitfahrgelegenheit ablehne, trage ich dazu bei, dass zwei ziemlich müde Menschen sich trennen. Einer nimmt den Bus. Einer das Auto. Mit demselben Ziel, aber nicht gemeinsam.

Nach einem Vortrag kam eine Frau zu mir, um mir kurz etwas mitzuteilen. Sie sagte nicht: »Danke!« Sie sagte auch nicht: »Das war ja so gut!« Sie sagte: »Dich können wir gebrauchen!«

Der Ausdruck blieb bei mir hängen, weil er eine so ungewöhnliche Art des Feedbacks war. Es ist immer schön, wenn einem jemand dankt für das, was man getan hat, und es ist sehr hilfreich, wenn jemand Gesichtspunkte ergänzt, die einen weiterbringen. Aber dieser Kommentar öffnete mir eine weitere Dimension: Wer alles im Leben als eine Gabe betrachtet, hat eigentlich keinen Grund, sich mit irgendetwas zu brüsten. Er braucht sich aber auch nicht zu entschuldigen. Man gibt lediglich weiter, was man selbst zugeteilt bekommen hat.

Ich glaube, dass diese Frau einer wichtigen Sache auf der Spur ist und mich auf eine neue Sehnsucht bei vielen Menschen hingewiesen hat.

Wir werden immer häufiger von Menschen angesprochen, denen es nicht genügt, sich um ihr eigenes Haus zu kümmern, und denen es keine Freude mehr macht, nur ihre eigene Zukunft abzusichern. Sie wollen einfach gebraucht werden. Manche von ihnen sagen, dass Gott sie gebrauchen soll, andere drücken denselben Wunsch aus, aber ohne religiöse Sprache. Alle wollen sie gebraucht werden. Nicht ausgenutzt werden, aber zu etwas nütze sein. Diese Sehnsucht ist ein wichtiges Zeichen der Reife. Eine der Bedeutungen des Wortes Reife ist ja, dass etwas fertig ist, um gebraucht zu werden, »reif für die Anwendung«. Diese Sehnsucht ist tief in uns verwurzelt. Zu einer guten Entwicklung gehört es, dass der Fokus sich nach und nach verschiebt: weg von dem, was man selbst gewinnen kann, hin zu dem, wobei man für andere eine Stütze oder Hilfe sein kann.

Ich beobachte diese Sehnsucht bei Menschen, deren Leben ganz unterschiedlich aussehen, und sie berührt immer etwas, bei dem es nicht um die Karriere geht, und auch mehr um Bedeutung als um Erfolg. Es ist nicht der Platz ganz vorne, den man einnehmen möchte, sondern der ganz eigene Platz.

Mein Kerala heißt Haga

Manchmal braucht es mehr Wagemut, um auf eine Reise zu verzichten, als auf eine Reise zu gehen. Mut, sich der Herausforderung zu stellen, dazubleiben und dem Vorfindlichen die Chance zu Veränderung und Entwicklung zu geben. Und es braucht nicht weniger Mut, um auf das Potenzial der Menschen zu setzen, die man um sich herum hat.

In der kurzen Zeit, die ich in England wohnte, unterhielt ich mich oft mit einem alten Pastor, der für mich zu einer Art Mentor wurde. Er erzählte mir, dass er während der dreißig Jahre, die er in ein und derselben Gemeinde tätig war, in immer gleichen Abständen das Gefühl hatte, »fertig« zu sein und aufbrechen zu sollen. Er meinte, alles gegeben zu haben, was er zu geben hatte, und sich nur noch zu wiederholen. In einer solchen Phase saß er eines frühen und sehr windigen Morgens in seinem Erkerzimmer und schaute auf einen Baum im Park vor dem Fenster. Einer der großen, kräftigen Bäume war in der Nacht von einem orkanartigen Sturm geknickt worden. Der Pastor sah auch, dass der Sturm den jungen

Bäumen weniger geschadet hatte. Sie bogen sich auch jetzt noch im Wind, manche von ihnen so tief, dass ihre unteren Äste beinahe die Erde berührten – ein Bild für seine eigene Situation. Er verstand, dass seine Sehnsucht danach, wegzugehen, im Tiefsten die Sehnsucht nach einem anderen Platz als dem eigenen war. Einem spannenderen, einem neuen. Er war eher auf der Suche nach Abwechslung als nach Entwicklung. Er erzählte mir, dass ihn die Versuchung wegzugehen ganz regelmäßig überkam, ungefähr alle sieben Jahre, und wie er im Lauf der Zeit lernte, sich ihr entgegenzustellen, im Gedanken an die jungen Bäume und ihre beeindruckende Fähigkeit, sich wiederaufzurichten.

Das Vertraute ist selten spannend, aber es kann spannend werden, wenn man es noch einmal und mit ganzem Herzen wählt. Dann kann auch das, was einem schon lange vertraut ist, aufblühen, sodass man es kaum wiedererkennt.

Die Herausforderung hieß für ihn: nicht weggehen, sondern sich beugen und biegen – nicht willenlos oder resigniert, sondern in Übereinstimmung mit seinem tiefsten Willen und treu diesem Platz, der von außen betrachtet gerade unattraktiv zu sein schien. Dableiben und neue Früchte wachsen sehen.

Das alles schreibt sich leichter, als es sich lebt. Das Vertraute ist selten spannend, aber es kann spannend werden, wenn man es noch einmal und mit ganzem Herzen wählt. Dann kann auch das, was einem schon lange vertraut ist, aufblühen, sodass man es kaum wiedererkennt.

Meine Reise endet nicht in Indien. Sie endet zu Hause. Ich halte mich offen für andere Zeiten und neue Herausforderungen, aber gerade nach dieser Reise weiß ich, wo mein Platz ist. Ich habe mich nie stärker beheimatet und gleichzeitig herausgefordert gefühlt als jetzt.

Einige Jahre lang war es für mich nicht möglich, in der Gemeinde zu arbeiten. Es ließ sich einfach nicht mit unserer Art von Familienleben vereinbaren. Es war jetzt oft notwendig, dass zwei Erwachsene zu Hause waren. Ich kündigte meine Stelle als Pastor, arbeitete aber an anderer Stelle weiter mit. Im Laufe der Jahre wurden die Familie und das Schreiben meine Hauptbeschäftigungen, dazu fuhr ich durchs Land und sprach zu den Themen meiner Bücher. Mein Radius wuchs schnell und es war überhaupt kein Problem, den Kalender zu füllen. Außerdem machte es Spaß!

Ich glaubte, meine Zukunft sei vorgezeichnet und es würde immer so weitergehen. Bis zu dem Tag, an dem ich plötzlich spürte, wie die Temperatur rund um mich her um ein paar Grad anstieg. Ein Wind kam auf, aber ich achtete zunächst nicht auf ihn, und doch war das alles der Beginn einer neue Phase meines Lebens – der besten Jahre, die ich bisher hatte. Anders gesagt: Ich kam in eine Lebenssituation, in der die Anrede Gottes an mich, etwas, das ich lange nicht mehr wahrgenommen hatte, plötzlich wieder vernehmbar wurde. Ich hörte die Stimme. Nicht akustisch, aber so erreichen uns die wichtigsten Botschaften ja ohnehin nur selten. Im biblischen Bild gesprochen redet Gott manchmal im großen starken Wind zu den Menschen, aber häufiger geschieht sein Reden im stillen sanften »Säuseln« (1. Könige 19,12). Ich erkannte die Stimme wieder, es war dieselbe Stimme, die zu mir gesprochen hatte, als ich mit 19 Jahren im Zelt stand. Damals galt es, den mutigen Sprung zu tun, den Aufbruch zu wagen und fortzugehen. Drei Jahrzehnte später hatte der Wind sich gedreht und die Herausforderung bestand nun darin, den Monsunwinden zu folgen, die mich zurückbringen sollten.

Die zweite Reise fordert manchmal mehr Mut als die erste. Das Problem war: Ich wollte nicht. Es ging mir gut in meiner Autoren- und Vortragsredner-Welt, und ich hatte überhaupt keine Lust, dorthin zurückzugehen, von wo ich aufgebrochen war. Ich glaubte außerdem – im Grunde ein sehr egoistischer Gedanke –, dass eine Rückkehr in die Gemeinde meine Möglichkeiten, zu reisen und mich wie in den letzten, freien Jahren durch die verschiedenen kirchlichen Milieus anregen und bereichern zu lassen, einschränken würde. Bevor diese Frage aktuell wurde, hatte ich zu meiner Frau Lotta gesagt, ich hätte den Eindruck, Gott wolle, dass ich der Smyrnagemeinde noch einige Jahre widmete, zur Sicherheit aber hinzugefügt: »Falls sie mich überhaupt noch wollen.« Seitdem war ich im Stand-by-Modus. Und ganz entspannt.

Als ich dann tatsächlich gefragt wurde, brauchte ich keine Bedenkzeit. Ich antwortete mit Ja. Ohne weitere Fragen zu stellen. Ein Ja zu dem, von dem ich wusste, dass es kommen würde, aber auch ein Ja zu allem, was ich noch nicht ahnen konnte. Ich kann gar nicht sagen, was dieses Ja alles für mich und für meine Familie bedeutet hat, aber es fühlt sich auf jeden Fall wie ein Extra-Geschenk an, dass mein Entschluss mich letztlich zu mehr Freiheit, mehr Kontakten und mehr Einfluss geführt hat.

In meinem Fall waren es ganz alltägliche Dinge, die zu dem zusammenwirkten, was für mich zu einer neuen Hingabe wurde und zu einer überraschend spannenden zweiten Halbzeit, die immer noch andauert.

Mein Kerala heißt Haga. (*Anm. der Übers.:* Haga ist der Stadtteil im Zentrum von Göteborg, in dem die Smyrnagemeinde liegt.) Mein Missionsgebiet ist eine wachsende und multikulturell geprägte Großstadt. Ich begann in jenem Herbst meinen Dienst mit dem Schwerpunkt Diakonie und hatte unser diakonisches Team zu leiten, aber ich konnte nicht ahnen, welche Entwicklung die Arbeit nehmen sollte: von einem gepflegten, aber fast nur intern wirksamen Dienst an den eigenen Leuten zu dem Sozialzentrum, als das unsere Kirche sich heute versteht. Mitten in Göteborg. Mitten im Schnittpunkt verschiedener Ethnien und sozialer Schichten, mitten in den Ungerechtigkeiten. Mitten in der wachsenden Zusammenarbeit mit anderen Organisationen. Diakonische Aufgaben sind nur ein kleiner Teil der Arbeit unserer Gemeinde, die jetzt große Träume hat. Aber ein wichtiger Teil.

Wenn ich zurückschaue und mich frage, warum das alles so gekommen ist, sehe ich, dass das meiste schon da war, aber noch eine Bedingung erfüllt sein musste, damit die Dinge ihren Lauf nehmen konnten. Diese Bedingung wurde durch eine junge Frau erfüllt, die eigentlich nur ihre Zeit und ihr Engagement anbot. Ich erzähle von ihrer und unserer Geschichte ganz offen, weil die Sache so einfach ist und so viel Hoffnung macht: Erfülle die eine Bedingung, und plötzlich geschehen Dinge, die jahrzehntelang nicht geschehen sind.

Sandra Sjöholm kam nach einer Predigt, in der wir die Diakonie-Kasse erwähnt hatten, auf uns zu und sagte, dass sie uns gerne dabei helfen wolle, Geld für Menschen zu sammeln, die aktuell oder chronisch in wirtschaftlichen Schwierigkeiten seien. Ich lud sie zu einem Gespräch ein und bat meine Kollegin Tina Brunegård, dabei zu sein. Weder Tina noch ich hatten Sandra vorher gesehen, obwohl sie wohl schon einige Zeit unsere Gottesdienste besuchte. Das Gespräch dauerte nicht mehr als eine Stunde, und eigentlich ging es um nichts völlig Neues oder Umwälzendes. Und doch war dieses Gespräch der Beginn von etwas, das unsere Art zu denken und zu arbeiten grundsätzlich veränderte und uns unendlich viel Energie zuführte.

Einige Wochen zuvor hatten wir beim Besuch einer Gemeinde in Bergsjön am Rande von Göteborg, die eine fantastische Arbeit für Menschen ohne Aufenthaltsgenehmigung macht, nebenbei aufgeschnappt, dass sie die Hilfesuchenden nicht mit Geld, sondern mit Lebensmitteltüten unterstützten. Wir erzählten Sandra davon, und die fing gleich an, in unserer Kirche Lebensmittel zu sammeln. Sie kannte außerdem zwei junge Frauen, die sie mit einbezog, Elin und Paulina.

Wir fünf trafen uns dann vor dem Beginn der Sommerferien. Ich weiß nicht mehr, warum, aber wir saßen im großen Saal unsere Kirche – einer leeren Kirche mit 1200 Plätzen –, und ganz sicher wird niemand von uns je dieses Treffen vergessen. Da war so etwas wie ein Funkenflug, es zündete, und ein Feuer begann zu brennen, genährt von der Menschenliebe dieser jungen Frauen, die für andere da sein wollten, die »einen Unterschied machen« wollten für Leute in unserer Stadt, die täglich zu kämpfen haben.

Aber da war auch noch etwas anderes in der Luft, und man sah es in ihren Augen. Die drei sahen die Konturen eines neuen Zusammenhangs, in dem ihre Sehnsucht, gebraucht zu werden, sich erfüllen würde.

Die Kraft, die freigesetzt wird, wenn der richtige Mensch am richtigen Ort ist, gleicht der Kraft frisch Verliebter. Sie kennt fast keine Grenzen.

Vom ersten Tag an war diese kleine Gruppe ein Selbstläufer. Sie initiierte die Verteilung von Lebensmitteltüten und entwickelte das Projekt weiter – eine Arbeit, die unsere Kirche verändert hat, sowohl atmosphärisch als auch organisatorisch.

Vor einigen Jahren habe ich an einer Konferenz für Führungskräfte in den USA teilgenommen, bei der Carly Fiorina einen Vortrag hielt. Die ehemalige Chefin von Hewlett Packard wurde nach ihrem Abschied aus dem Computerunternehmen zu einer überaus engagierten Leiterin von zwei großen Freiwilligen- und Non-Profit-Unternehmen. Ihre Begeisterung war mit Händen zu greifen. Sie sprach vom »Blick« – von dem Blick, den ein Mensch bekommt, wenn er seinen Platz gefunden hat. »Dieser Blick ist mein Lohn«, sagte sie. Und da verstand ich plötzlich, was sie meinte. Es gibt ja nichts Schöneres, als beobachten zu dürfen, wie jemand seinen Weg findet, wie das Potenzial, das in ihm schlummert, sich entfaltet, wie bei einer Blume, die zu blühen beginnt!

Die Kraft, die freigesetzt wird, wenn der richtige Mensch am richtigen Ort ist, gleicht der Kraft frisch Verliebter. Sie kennt fast keine Grenzen. Und umgekehrt: Nichts ist so traurig, als wenn ein Stern verlöscht und großartige Voraussetzungen einem schwindenden Selbstbewusstsein und Selbstwertgefühl weichen. Der eigene Erfolg, egal, auf welchem Gebiet, kann sich nie mit dem Glück messen, einen Menschen zu sehen, der seine Heimat gefunden hat. Und ich glaube, dass es in allen Leitungsaufgaben schlussendlich immer genau darum geht: Potenzial zu sehen und freizusetzen.

Die Arbeit, die Sandra und ihre Freundinnen ins Leben gerufen haben, läuft heute unter dem Namen *Manna – die Lebensmitteltüten der Smyrnagemeinde*. Der Name hat, wen wundert's, einen biblischen Hintergrund. Manna war das Lebensmittel, das das Volk Israel auf einer bestimmten Strecke seiner etwa vierzigjährigen Wüstenwanderung vor dem Hungertod rettete. Es fiel vom Himmel, blieb auf der Erde liegen und soll wie Raureif ausgesehen haben. Mose wies das Volk an, es täglich zu sammeln, um damit zu kochen und zu backen. Sechs Tage lang fiel es vom Himmel; am sechsten Tag war es die doppelte Menge, damit es auch für den Sabbat reichte.

Mahnaz fiel als Erstem auf, dass es mit den Lebensmitteln, die wir von mehr als dreißig Geschäften aus der Region Göteborg geschenkt bekommen, wie mit dem Manna ist: Das aufgedruckte Datum ist erreicht, man muss sie sofort aufbrauchen. Meist ist das Mindesthaltbarkeitsdatum der heutige Tag. Die Lebensmittelverteilung lebt buchstäblich von der Hand in den Mund.

Mahnaz Kheirollahi ist einer von den vielen, die als Flüchtlinge aus dem Nahen Osten gekommen sind und in Schweden eine neue Heimat gefunden haben. Er kommt jeden Tag zur Kirche. Morgens geht er zum Schwedischkurs und danach direkt zu seiner Arbeitsstelle. Für seinen Job bekommt er kein Geld, aber er bietet ihm die Chance, den Arbeitsmarkt kennenzulernen, Schwedisch zu sprechen und das loszuwerden, was er aus seiner Vergangenheit mit sich herumschleppt.

Mahnaz sagt nicht, dass er sich den Namen unserer Suppenküche ausgedacht hat, er behauptet, er sei ihm zugefallen. Ohne den leisesten Zweifel sagt er, dass er ihn von Gott bekommen hat. Dabei hört Mahnaz sich nicht schwärmerisch oder irgendwie seltsam an. Es war einfach so.

Als wir im Frühjahr 2016 unsere neuen Räume bezogen und die Lieferanten, die etwa fünfzig Freiwilligen und unser Diakonie-Team ein persisches Gericht aßen und Sandra das Absperrband durchtrennte, da konnte ich meine Tränen kaum zurückhalten. Nichts von alledem hätten wir uns auch nur erträumen können, wenn Sandra nicht nach der Predigt zu uns gekommen wäre und gesagt hätte, dass sie sich engagieren will.

Dabei stehen wir noch am Anfang. Diese Gruppe hat eine viel größere Vision; wir träumen von einem sozialen und geistlichen Zentrum in Göteborg, in dem ernst genommen wird, dass Menschen sowohl materielle, soziale wie auch spirituelle Bedürfnisse haben. Wenn das, was wir gerade eröffnet haben, Wirklichkeit werden konnte, dann gilt das auch für unseren nächsten Traum.

Ich bin mir nicht sicher, ob irgendetwas von alledem passiert wäre, wenn Sandra nicht den Mund aufgemacht hätte. Aber sie hat es auch nicht allein bewerkstelligt. Sie hat lediglich ihre Füße auf den Platz gestellt, der ihrer ist, und um sie herum und um ihre Freundinnen herum ist das Energiefeld entstanden, das man mit dem Raum vergleichen kann, den eine Sonnenblume einnimmt. Denn so funktioniert es: Wer seinen Platz findet, nimmt keinem anderen den Platz weg. Er nimmt nur seinen eigenen ein.

Wer seinen Platz findet, nimmt keinem anderen den Platz weg. Er nimmt nur seinen eigenen ein.

Dass Sandra auf uns zukam, hat zum Entstehen der Lebensmittelausgabe geführt, und es lässt sich schwer ausdrücken, was diese äußerlich kleine Initiative für eine Bedeutung bekommen hat. Tag für Tag geben wir gut gefüllte Lebensmitteltüten aus, im Monat sind es mehr als tausend. Das meiste von dem, was wir verteilen, würde sonst vernichtet werden. Und selbst das Entsorgen wäre noch teuer. Im Preis unserer Lebensmittel ist ja bereits enthalten, dass so viel weggeworfen wird.

An jedem Tag und das ganze Jahr über bewegt sich rings um unsere Kirche ein stiller Strom von Menschen, die Hilfe brauchen, um sich sattessen, kleiden, irgendwo aufhalten und um schlafen zu können. Nicht bei allem können wir ihnen helfen, aber etwas können wir tun. Und wir können es unter allen Umständen wenigstens schaffen, uns eine Weile zu ihnen zu setzen, um miteinander zu reden. Jede Woche geben wir allen Mitarbeitern drei wichtige Regeln noch einmal schriftlich zur Erinnerung:

Sag Hallo und Tschüss.
Bemühe dich, Namen zu lernen.
Wie elend die Situation eines Menschen auch aussehen mag: Versuche, ihm ein Fünkchen Hoffnung zu vermitteln.

Wir unterhalten uns mithilfe von Google Translate, und unsere neuen Freunde lachen sich schief über die verrückten Übersetzungen, die dabei herauskommen. Wir reden mit Händen und Füßen. Wir sprechen durch Umarmungen, und auf wundersame Weise verstehen wir einander. Die Liebe dieser Menschen macht etwas mit uns.

Jeden Mittwoch kochen wir eine Suppe aus allem, was wir bekommen, ob Schwarzwurzel, Weißkohl, Garnelen oder Fleisch. Dann füllt sich der Hof der Kirche bis in die letzte Ecke mit Menschen aus aller Welt. Buchstäblich. Manchmal stehe ich mittendrin und schaue zu. Und dann weiß ich: Das hier ist mein Platz. Es gibt ihn nicht ohne diese Menschen, denn der Platz ist nicht einfach die Kirche oder das Diakoniezentrum. Dies alles zusammen ist meine Heimat. Die Kraft, die darin liegt, habe ich früher nicht gekannt.

Als wir uns an einem Mittwoch mit den Freiwilligen zur Aufteilung der Arbeit vor dem Suppenkochen treffen, geht mir auf, wie schön dieses Treffen der Stabsstelle ist: Die Hälfte der Truppe hat schweren Missbrauch hinter sich, und daneben stehen Conny und Benny und Kenny und Lasse und Ronald, und auch Emilia, Therese und

Oscar, lauter Studierende, die begriffen haben, dass es im Leben nicht darum geht, auf einer Rennbahn um die Wette zu laufen. Und dann noch wir anderen.

Mir steigen Tränen in die Augen, und ich denke: Für diese Sache hier kann ich den Rest meines Lebens hergeben.

Wie die Sonnenblume sich ausrichtet

Was ich bis hierhin erzählt habe, ist nur die eine Seite der Geschichte. Auf der anderen Seite geht es darum, was das alles mit *uns* gemacht hat, die wir – zumindest auf dem Papier – die Sache leiten. Das erste, ganz spontane Gespräch mit Sandra und dann das zweite, mit Elin und Paulina, führte dazu, dass wir die Frauen und das, was gerade sie beitragen konnten, überhaupt entdeckten. Und vor allem entdeckten wir dabei die Kraft, die sich entwickelt, wenn man sich ohne Vorbedingungen zusammensetzt. Es war eigentlich die Entdeckung von etwas ganz Einfachem: Wenn Menschen sich zusammensetzen, um einander von ihrer Sehnsucht zu erzählen, geschieht immer etwas. Immer.

Wenn Menschen sich zusammensetzen, um einander von ihrer Sehnsucht zu erzählen, geschieht immer etwas. Immer.

Das erste Gespräch führte zu einer langen Folge von

Gesprächen, die inzwischen von viel mehr Leuten geführt werden als nur von uns zweien, die am Anfang dabei waren. Wir nennen diese Gespräche *Gartengespräche*, denn es geht darum, zu schauen, was schon vorhanden ist und was noch getan werden kann, damit eine »Pflanze« so gut wie möglich gedeiht. Damit sie austreibt und blüht.

Das Einzige, was man als eine Art Erfolgsrezept unserer Arbeit beschreiben könnte, ist, dass wir konsequent darauf verzichten, von unseren Bedürfnissen auszugehen, und stattdessen danach fragen, wovon Menschen träumen und was sie beitragen können. Was möchte gerade dieser Mensch gerne geben – ganz unabhängig von dem, was wir gerade zu brauchen meinen? Wir bemühen uns, nicht der Versuchung zu erliegen, einen Menschen in eine Aufgabe hineinzudrängen, nur weil wir glauben, er würde dort gebraucht oder gut passen.

Die Gespräche, von denen wir inzwischen viele führen und die jede Woche mehr werden, sind im Grunde nichts, wovon man großartig berichten könnte. Eigentlich verlaufen sie immer noch so, wie es sich beim ersten Gespräch mit Sandra von allein ergab. Der Unterschied ist lediglich, dass wir inzwischen manches schriftlich festhalten, um besser zu verstehen, worin die Kraft dieser Unterhaltungen liegt.

Unser meist genutztes Werkzeug ist das Fragezeichen. Fragen ist oft die beste Art des Zuhörens und vermutlich der direkteste Weg, um einem Menschen deutlich zu machen, dass er wichtig ist und dazugehört. Nicht jeder erzählt gern von sich, aber die meisten mögen es, wenn man ihnen Fragen stellt. Das Fragezeichen ist sowieso das interessanteste Satzzeichen. Nach einem Fragezeichen ist man noch lange nicht am Ende; vieles kann hier beginnen. Angesichts unserer Erfahrungen ist es erschreckend, wie häufig wir von Leuten hören, dass ihnen bisher noch nie jemand solche Fragen gestellt hat, Fragen nach ihrer Sehnsucht, ihren Stärken und ihren Träumen.

Vor vielen Jahren erschien ein Arbeitsmaterial für Gemeinden mit dem Titel *Som fisken i vattnet* (*Wie der Fisch im Wasser*)[13], und ich kann es wirklich empfehlen. Bruce Bugbee, der Autor, arbeitet mit drei Begriffen, um zu dem zu gelangen, was er ein Dienst-Profil nennt: Leidenschaft. Begabungen. Stil. Wir haben schnell festgestellt, dass es hier eine Übereinstimmung gibt mit den drei Fragen, die wir in unseren *Gartengesprächen* stellen: Was willst du? Was hast du? Wie willst du es tun?

Die meisten Gespräche führen wir mit Menschen, die von unserer Arbeit gehört haben, sich an uns wenden und sagen, dass sie gerne bei einem Einsatz mitmachen würden. Auffällig viele erwähnen dabei, wie sehr sie sich wünschen, etwas Sinnvolles zu tun. Einige andere haben wir uns einfach »geschnappt« und gefragt, ob sie nicht Lust hätten, sich mit uns zu treffen, um über unsere diakonische Arbeit zu sprechen. Bis jetzt hat niemand Nein gesagt.

Dass wir die Gespräche immer zu zweit führen, hat mehrere Vorteile, darunter den, dass zwei, die gut zuhören, mehr mitbekommen als einer. Außerdem zeigt es, wie viel Bedeutung wir diesen Gesprächen beimessen. Es ist wichtig, dass alles deutlich macht: Wir sind nicht um unseretwillen oder wegen unserer Organisation hier, sondern um der Person willen, mit der wir sprechen.

Das Gespräch hat zwei Teile. Das Schlüsselwort des ersten Teils heißt: Erzähl! Von deinem Hintergrund, deinem Weg zum Glauben – falls du jemand bist, der glaubt – und wie du uns gefunden hast. Es ist spannend zu sehen, was passiert, wenn ein Mensch zum ersten Mal oder neu, nach langer Zeit, seinen Glauben in Worte fassen soll – oder seine Sehnsucht, glauben zu können. Es geschieht etwas, während man sich selbst erzählen hört. Als erweckten die Worte Schlummerndes zum Leben. Das zu beobachten, ist sehr schön, jedes Mal neu.

Zurück zu unseren großen Fragen: Was bringst du mit? Was ist dein Herzenswunsch? Was würdest du gerne tun, konntest es aber bisher nicht verwirklichen? Wenn das erst einmal formuliert ist, nicht selten mit großer Unsicherheit und Bescheidenheit, dann schalten wir den Scheinwerfer an und betrachten diese Sehnsüchte genauer, wir fragen nach, reden, beten.

Sehr oft ergibt sich für uns keine andere Aufgabe, als die Menschen in dem zu bestärken und zu unterstützen, was sie bereits tun, was sie aber bisher nicht als wichtig betrachtet haben. Wir stellen ihren Beitrag in einen Zusammenhang, und da sind wir beim zweiten Teil des Gesprächs. Manchmal braucht unser Gegenüber auch die Gelegenheit, alten »Müll« vor uns auszukippen, Kritik an unserer Gemeinde oder Enttäuschungen, die er oder sie schon lange mit sich herumgeschleppt hat. Das ist wichtig, denn diese Dinge können dem im Weg stehen, was man eigentlich will und geben möchte.

Wer unsicher ist, was seine Begabungen angeht, den laden wir ein, noch einmal über die drei Fragen nachzudenken: Was willst du? Was hast du? Wie willst du es tun?

Aus diesem Nachdenken erwachsen Dinge, die wir uns nicht hätten ausdenken können, und zwar ganz ohne die üblichen Ermahnungen wie: »Jetzt tu doch endlich was!« und »Übernimm mal Verantwortung!«

Energie ist Kraft in Bewegung. Ich höre nie auf, mich über die Energie zu wundern, die hier umgewandelt wird. Wenn es gelingt, die tiefste Sehnsucht eines Menschen anzusprechen und die Voraussetzungen zu schaffen, die bis dahin fehlten, um diese Sehnsucht zu erfüllen, dann braucht man weder Zuckerbrot noch Peitsche, um Menschen zur Mitarbeit zu bringen. Nach unseren Erfahrungen holt man die Zeit, die man eingesetzt hat, um gut zuzuhören, später problemlos wieder rein. Es ist ihr eigener Traum, den diese Leute verwirklichen, nicht unserer oder der der Kirche. Dass die Wünsche dann oft doch zusammenfallen, ist reiner Bonus.

Bei jedem dieser Gespräch entdecken wir in unserer Gemeinde aufs Neue freundliche und wunderbare Menschen, die wir vorher nicht wahrgenommen haben, obwohl viele von ihnen schon seit Jahren unsere Gottesdienste besuchen. Und das Seltsame ist, dass es sich anfühlt, als geschähe alles fast ohne unser Zutun.

Zwei Bibeltexte haben für uns eine wichtige Rolle gespielt.

»Deshalb ermutige ich dich dazu, die geistliche Gabe wirken zu lassen, die Gott dir schenkte, als ich dir die Hände auflegte. Denn Gott hat uns nicht einen Geist der Furcht gegeben, sondern einen Geist der Kraft, der Liebe und der Besonnenheit« (2. Timotheus 1,6–7).

Wir haben begriffen, dass drei Dinge zusammenkommen müssen: Es ist Gott, der Begabungen schenkt. Wir selbst müssen die Begabungen zum Leben erwecken, Gott tut das nicht für uns. Und drittens, wir brauchen jemanden, der uns an unsere Begabungen erinnert, sie uns bewusst macht und uns ermutigt. Beim letzten Punkt kann ein jeder für den anderen wichtig werden.

»Live creatively«, beginnt Eugene Peterson in der englischen Bibelübertragung *The Message* das sechste Kapitel des Galaterbriefs. Ins Schwedische ist es übersetzt worden mit: »Lebe mit Freiheit und Fantasie«. Es liegt fast etwas Künstlerisches darin; es geht um die Eigenart des Einzelnen.

Aus diesem Kapitel stammt auch der zweite Bibeltext, er heißt in der Übertragung von Peterson:

> *»Prüfe dich selbst, was du für einer bist und was du im Leben tun sollst, und setze dich mit ganzem Herzen dafür ein. Denke nicht zu hoch von dir selbst. Vergleiche dich nicht mit anderen. Jeder Einzelne ist dafür verantwortlich, aus seinen Begabungen und Möglichkeiten das Beste zu machen.«*[14]

Während man sich für das einsetzt, wofür man brennt, und an der Erfüllung seiner Sehnsucht arbeitet, muss man sich mit zwei Schurken herumschlagen, die schon viel Kreativität und Eigen-Art getötet haben. Der eine Schurke ist die Selbstüberschätzung, der übertriebene Glaube an die eigene Bedeutung. Viel Gutes wird von einem übergroßen Ego erstickt. Aber der andere Schurke ist genauso gefährlich: die Selbstunterschätzung, das Vergleichen mit anderen, dessen Resultat so gut wie immer »ungenügend« heißt.

Was in aller Einfachheit rund um unsere *Gartengespräche* gewachsen ist, bedeutet nicht weniger als einen Paradigmenwechsel. Hinter dem kompliziert klingenden Begriff steckt etwas, das jeder kennt: Ein vorherrschendes Denkmuster wird infrage gestellt, weil sich eine andere Denk- oder Arbeitsweise als besser und effektiver erweist. So ein Wechsel tut oft weh. Wenn wir eine Sache lange auf eine bestimmte Art getan haben, fällt es sehr schwer, sie in einer anderen Weise zu tun.

Anders formuliert: Das alte Paradigma baut darauf auf, dass die Dinge in einer Organisation auf eine bestimmte Art und Weise funktionieren. Dahinter kann eine lange Geschichte stehen – wie eine Treppe mit vielen aufgetretenen Stufen. Das hat sein Gutes und sein Schlechtes. Festangestellte leiten das Ganze, und wenn man zusätzliche Kräfte braucht, wird nach Freiwilligen gesucht, die »mithelfen«. Zu dem Denken, das dahintersteht, gehören Sätze wie »Tu was!«, »Übernimm Verantwortung!«, Ermahnungen, die zeigen, dass wir auf unserem Weg etwas verloren haben, dass uns die Lust, dabei zu sein und ein Teil des Ganzen zu sein, nach und nach verlassen hat. Die Freude daran hat sich unterwegs einfach verkrümelt. Für die Immertreuen wird es schwer. Sie fürchten, dass sie eines Tages allein dastehen.

Die andere Denkweise geht davon aus, dass eine Organisation aus Männern und Frauen besteht, die ganz unterschiedliche Begabungen, Träume und Stile, also Arbeits- oder Gestaltungsweisen haben. Die wichtigste Aufgabe der leitenden Personen ist es deshalb, ein Umfeld für diese Begabungen zu schaffen, in dem sie wachsen und sich zu ihrem vollen Potenzial entwickeln können – oder anders gesagt: die für die Voraussetzungen sorgen, die notwendig sind, um einen Zusammenhang zu schaffen, in dem das Schlummernde zum Leben erweckt wird. Die wichtigste Frage heißt dann nicht: Was sollen wir tun? Sondern: Welche Menschen müssen wir entdecken?

Die wichtigste Frage heißt nicht: Was sollen wir tun? Sondern: Welche Menschen müssen wir entdecken?

Das klingt vielleicht wie eine Selbstverständlichkeit, aber das jahrzehntelange »Tu was!« und »Übernimm Verantwortung!« hat in Gemeinden und Werken eine Kultur des Ächzens und Stöhnens hervorgebracht, der man nur schwer entkommt. Zu oft haben wir Menschen gebeten, sich für etwas einzusetzen, das eigentlich nicht ihrer Sehnsucht entsprach. Wenn zu viele allein aus Treue und alter Verbundenheit mitarbeiten, legt sich eine tiefe Müdigkeit über die Organisation. Und die ist nicht nur destruktiv, sondern wirkt auch ansteckend – selbst auf Menschen, die mit frischer Kraft dazukommen. Jeder nimmt immer denselben Platz ein (buchstäblich wie im übertragenen Sinn) und ärgert sich vor allem darüber, dass die anderen sich um nichts kümmern. Das wird schnell zum Stil einer Organisation. Sich ein bisschen aufzumuntern und bei jeder Gelegenheit etwas Nettes zu veranstalten, hilft da nicht. Man muss noch mal von vorne anfangen, und diesmal richtig.

Ich glaube, dass genau das bei unserem Gespräch mit Sandra passiert ist – ohne dass wir selbst es gemerkt hätten. Wir trafen damals lediglich auf die segelfreundlichen Meeresströmungen oder Passatwinde und entschlossen uns, in die Richtung zu reisen, in die der Wind blies.

Gleich zu Beginn des Prozesses wurde die Sonnenblume zu unserem Symbol. Ich druckte das Bild einer Sonnenblume aus und befestigte es in der Mitte der Pinnwand in unserem Büro. Drumherum hängen wir seitdem die Fotos von allen auf, die in unserem Diakonie-Team mitarbeiten. Wir schauen uns diese Menschen oft an und beten für sie.

Die Sonnenblume begleitet mich in den letzten Jahren auch bei meinem Schreiben. Sie tauchte auf, als ich an die Orte meiner Kindheit zurückkehrte, um den Spuren von Birger Norman zu folgen, des Schriftstellers, der vielleicht die größte Bedeutung für mein eigenes Schreiben gehabt hat, für den Beitrag, den ich leisten kann. In einem Gedicht in Erinnerung an Anders Nygren beschreibt er seinen eigenen geistlichen Durchbruch, den er der Begegnung mit Nygrens Theologie verdankte, mit den Worten: »So spürten wir in unserer Brust die Wärme einer Sonnenblume«, und führt das Gedicht dann weiter:

»Zu wissen, dass man versagt hat,
aber zu erleben, dass man geliebt ist,
das ist die christliche Freiheit.«

Botanisch betrachtet ist die Sonnenblume ein Korbblütler mit gelben Zungenblüten und braunen Röhrenblüten – bis zu zweitausend Blüten in einer einzigen Pflanze! So wie jeder Mensch unzählige Möglichkeiten in sich trägt. An die Sonnenblume zu denken, gibt auch Kraft, um dem Konkurrenzdenken zu widerstehen. Ein Mensch, der den Ort gefunden hat, an den er gehört, macht Platz für andere, verleiht ihnen Energie und steigt aus dem Wettbewerb aus. Das Umfeld schafft die Voraussetzung für Wachstum und hindert es nicht. Es gleicht dem Acker und nicht den Steinen im Acker.

Auf Französisch heißt die Sonnenblume *tournesol*, wörtlich übersetzt: *zur Sonne wenden*. Die bekannteste Eigenschaft dieser hohen, aufrechten und stolzen Blume ist der Heliotropismus, dass sie sich also immer zur Sonne ausrichtet. Am Morgen streckt sie den Kopf nach Osten und folgt dann langsam dem Weg der Sonne über den Himmel, bis sie sich nach Einbruch der Dunkelheit neu ausrichtet, um am Morgen wieder Richtung Osten gewandt zu sein.

Es heißt, viele Verkehrsunfälle würden dadurch verursacht, dass zu einer ohnehin stressigen Situation noch eine Kleinigkeit hinzukommt. Man fährt ein bisschen zu schnell, es herrscht viel Verkehr, das Handy klingelt und man schielt ganz kurz aufs Display. Normalerweise würde man das alles bewältigen, aber wenn in diesem Moment auch noch ein Fußgänger einen Schritt auf die Fahrbahn macht, passiert das Unglück. Solch ein Unfall hat eine ganze Reihe von Ursachen, aber die letzte ist sein Auslöser.

Wenn dieses Muster für Geschehen zutrifft, die zu Schaden und Tod führen, dann zweifle ich nicht daran, dass es auch für Handlungen stimmt, die zum Leben führen. Ins Positive gewendet kann man daraus also etwas ableiten, das Hoffnung macht: Manchmal reicht es, dass eine einzige Voraussetzung erfüllt wird, und ein Ganzes steht da. Das meinen wir, wenn wir erzählen, dass wir nach Hause gefunden oder einen Platz gefunden haben, der uns das Gefühl gibt, er habe nur auf uns gewartet. Unsere Heimat.

Es ist übrigens nicht so, dass man vorher unglücklich gewesen oder sich selbst als heimatlos erlebt haben muss. Es ist eher so, als käme man irgendwann im Leben überraschend an eine Kreuzung von mehreren Wegen, an der der Weg, den man bisher gegangen ist, sich in mehrere unerwartete Richtungen öffnet. Man wird in Verbindung mit etwas Größerem gebracht, etwas, das einem aber seltsamerweise bekannt vorkommt.

Meines Erachtens ist der Zusammenhang, der auf solche Weise entsteht, durch mehrere Dinge gekennzeichnet. Nicht alle, aber so viele wie möglich müssen vorhanden sein, damit der Prozess in Gang kommt. Unsere Aufgabe als Mitmenschen ist es, die noch einzig fehlende Voraussetzung zu schaffen, den »Auftritt« des auslösenden Faktors.

Für mich ist das die kürzeste Definition von guter Leitung. Es hört sich einfach an, aber es verlangt Neugierde, Zuhören – und nicht allzu viel Beschäftigung mit sich selbst. Mit »guter Leitung« meine ich dabei alles von Elternschaft über Fußballtraining bis Gruppenleitung oder Unternehmensführung. Hier werden wir für das Leben anderer Menschen wichtig.

Es scheint, als ob die meisten von uns eine Art inneren Chor hörten, der immer singt: »Aus dir wird nie was«

oder »Das ist keine gute Idee«. Jemand muss diesen inneren Chor stören und Gegengesänge anstimmen oder etwas tun, das indirekt die gegenteilige Botschaft vermittelt. Dazu braucht es oft nicht viel. Meist hat schon eine freundliche Frage, eine kleine Ermunterung oder ein Lob eine erstaunliche Wirkung. In einer bestimmten Situation kann eins davon genau der Faktor sein, der alles in Bewegung setzt.

Wir können das Leben eines anderen Menschen nicht verändern oder umwandeln, aber wir können zu denen gehören, die Menschen begleiten und wichtige Voraussetzungen schaffen. Das könnte ein vernünftiges Ziel guter Leitung sein, meine ich. Ich bin absolut davon überzeugt, dass wir Menschen begleiten und einander einen Platz schaffen können und dass eine Organisation wie die Kirche, die für mich ein naheliegendes Beispiel ist, nicht nur die Möglichkeit dazu hat, sondern geradezu die Pflicht. Dasselbe gilt für Schulen, das Wirtschaftsleben und die Gesellschaft als Ganze.

Wir können das Leben eines anderen Menschen nicht verändern oder umwandeln, aber wir können zu denen gehören, die Menschen begleiten und wichtige Voraussetzungen schaffen.

Ich rufe mir eine Begegnung mit Jean Vanier in Erinnerung, dem katholischen Theologen und Philosophen, der zusammen mit anderen einige Kommunitäten gründete, in denen Menschen mit geistiger Behinderung und Menschen ohne merkliche Behinderung gemeinsam den Alltag leben. Ich habe ihn 2007 in Trosly, einige Kilometer nördlich von Paris besucht, denn dort liegt L'Arche, eine dieser Kommunitäten. Vielleicht ist das der Ort in der Welt, der mich am tiefsten berührt hat.

Wenn ich meine Aufzeichnungen von damals durchsehe, fällt mir auf, dass vieles von dem, was wir als Eckpfeiler unserer Arbeit entdeckt haben, dort schon vorhanden war – seit Jahrzehnten. Als wir in seinem einfachen Haus in der Rue Marillac saßen, kam Vanier immer wieder auf das Fundament der Arche zu sprechen, die Werte, auf denen diese Kommunität ruht. Er betonte, dass die Gemeinschaft nicht auf Fragen gegründet sei wie: »Was hast du schon geleistet?« und »Was haben wir davon, dass du bei uns bist?«, sondern auf Fragen wie: »Wer bist du?« und »Was hoffst du?« Die Antwort auf diese Fragen könne man nicht in einem einzigen kurzen Gespräch erfahren. »Da geht es um lange Zeiten des Einander-Verstehen-Lernens«, sagte er.

Dieser Satz hat mich nicht losgelassen. Man bekommt eine Antwort, wenn man die Begabungen und Träume der Menschen aufmerksam wahrnimmt, wenn man Menschen in ihren großen Träumen unterstützt. Gleichzeitig weckt man eine Erwartung, die, wenn sie nicht erfüllt wird, zu Enttäuschung führen kann und dazu, dass Menschen die Lust verlieren. Ich nehme mir als Maßstab für die Qualität eines Kontakts oder einer Zusammenarbeit, dass sich ein Mensch nach einem Jahr noch genauso wichtig vorkommen soll wie in den ersten Wochen, oder sogar wichtiger. Die Heimat muss immer noch Heimat sein, der Platz und seine Umgebung müssen immer noch passen. Sie müssen nicht perfekt, aber sie müssen auf Dauer gut sein. Kontakt halten, Menschen nachgehen, nicht aufhören, Fragen zu stellen, Antworten auswerten, ermutigen. Und das alles auf lange Sicht.

Glück ist ein Nebenprodukt

»Einmal im Monat zur Mitarbeiterversammlung zu gehen, hat für das Glücksgefühl denselben Effekt wie die Verdoppelung des Einkommens.« Das hat der Schriftsteller Lasse Berg gesagt. Er hat sein Leben dem Reisen gewidmet, vor allem dem Reisen durch Afrika, wo er einen großen Teil seines Lebens auch wohnte, aber auch durch Asien und dort besonders in Indien. Die Entwicklung in diesen Teilen der Welt hat er im Laufe der Jahre in einer Reihe von Büchern, Filmen und Zeitschriftenartikeln geschildert, die viel Aufmerksamkeit bekamen.

In seinem Buch *Out of Kalahari* reist Berg nach ungefähr vierzig Jahren noch einmal die Route durch Indien und Nepal, die er in seiner Jugend mit einem klapprigen VW-Bus gefahren ist. Er trifft viele Menschen, die er damals kennengelernt hat, und sieht, wie ihr Leben sich entwickelt hat. Er bringt seine Gespräche in Verbindung mit Forschungsberichten und vergleichenden Studien aus verschiedenen Weltteilen, immer auf der Suche nach dem, was ein gutes Leben ausmacht.

Berg sagt sehr deutlich, dass die Welt, auf die er jetzt

trifft, in vieler Hinsicht eine bessere ist als die Welt vor vierzig Jahren, aber er beobachtet auch, dass die Träume von einem guten Leben sich verändert haben. Wir sind immer miteinander verbunden und dennoch einsamer als je zuvor, meint er. Einsam mitten in unserem gigantischen Netzwerk.

Eine der eindrücklichsten Schlussfolgerungen, die er zieht: Unser Gefühl des Wohlbefindens hat weniger mit unserem Wohlstand als mit unseren Beziehungen innerhalb der Gesellschaft zu tun. Und: Der Mensch braucht Zugehörigkeit. Berg zitiert unter anderem eine große Studie, die die Weltbank in den ärmsten Ländern der Welt vorgenommen hat. Ob Menschen sich selbst als arm empfanden, entschied sich vor allem daran, ob sie einsam waren, ohne Zugang zu einer Gemeinschaft, die Sicherheit bietet: einer Großfamilie, Freunden, Nachbarn. Zugehörigkeit ist das tiefste emotionale Bedürfnis des Menschen. »Freunde«, schreibt Berg, »stärken das Immunsystem und die geistige Gesundheit.«

In seiner Liste der Faktoren, die darüber entscheiden, als wie glücklich wir unser Leben betrachten, gibt es ein paar Dinge, die einen zuerst wundern, einem dann aber bald einleuchten. Besonders hervorzuheben: »Auch Mitglied einer Organisation oder eines sozialen Verbundes zu sein, hat entscheidende Bedeutung für das Wohlbefinden. Einmal im Monat zur Mitarbeiterversammlung zu gehen hat für das Glücksgefühl denselben Effekt wie die Verdoppelung des Einkommens.« Wieder geht es um die Effekte, die es hat, wenn ein Zusammenhang geschaffen wird, zu dem jemand seinen Beitrag leisten kann. Es hat mit dem Belohnungssystem zu tun, aber einem anderen als dem des Bankkontos. Es ist fast egal, was man tut, Hauptsache, man tut es gemeinsam.

Kirchliche Putzteams sind ein gutes Beispiel dafür. Ich bin vor vielen Jahren mal von einem Team überrumpelt worden, als ein Gottesdienst ausfiel, und putze seitdem in jeder achten Woche. Samstagmorgen halb acht, das ist keine ideale Zeit, um sich ins Auto zu setzen und in die Stadt zu fahren. Aber das Putzen ist weniger Gemeindehauspflege als Gemeinschaftserlebnis. Der Fantasie sind kaum Grenzen gesetzt, wenn es darum geht, welche Dinge Leute nach einem Gottesdienst in den Kirchenbänken liegen lassen, und ich glaube, wir haben uns noch nie mittags in die Autos gesetzt, ohne einander zu bestätigen, wie lustig es wieder war, inklusive Kaffeetrinken und kurzen Gesprächen mit lauter Leuten, die man eigentlich nur beim Putzen trifft. Und dazu das Gefühl, etwas geschafft zu haben. Zwischen Eimern, Staubwedeln und Scheuermitteln versteckt sich nämlich ein Geheimnis: Es ist wichtiger, Dinge zusammen zu tun, als Dinge selbst zu tun. Den eigenen Beitrag in ein großes Ganzes einfügen zu dürfen, das wirklich von Nutzen ist, vervielfacht das Gefühl der Befriedigung.

Ein anderer von Lasse Bergs neun Punkten aus der Liste der Faktoren, die dazu führen, dass wir uns glücklich fühlen, ist die Güte gegenüber anderen Menschen. Berg erzählt von einem psychologischen Experiment, bei dem die eine Versuchsgruppe eine bestimmte Summe Geld bekam, über die sie frei verfügen konnte. Ein paar Tage lang sollten die Versuchsteilnehmer »sich etwas gönnen«.

In einer zweiten Gruppe bekamen die Teilnehmer die gleiche Summe mit der Anweisung, im selben Zeitraum Menschen in wirtschaftlicher Not zu helfen. Zwei Tage später waren die, die das Geld verschenkt hatten, signifikant glücklicher als die, die es für sich selbst verwendet hatten. Untersuchungen von Freiwilligen, die mit Bedürftigen arbeiteten, führten zum gleichen Resultat.

»Um glücklich zu sein, braucht man drei Dinge: etwas, das man tun kann, etwas, das man lieben kann, und etwas, worauf man hoffen kann«, schrieb Oswald Chambers, ein schottischer Prediger, der um die vorletzte Jahrhundertwende wirkte. Er studierte erst Kunst und Archäologie in Edinburgh und verspürte dann eine klare Berufung zur Verkündigung. Er wechselte zur Theologie und erwies sich als jemand, der nicht nur ein kluger Kopf war, sondern auch ein brennendes Herz hatte. Eine gute Kombination.

Chambers war ein Senkrechtstarter und lehrte schon bald an theologischen Seminaren überall auf der Welt. Auf einer seiner Reisen lernte er Biddy kennen, die seine Frau wurde und das einzige Kind der beiden gebar, Kathleen.

Chambers' bekanntestes Werk heißt auf Englisch *My Utmost for His Highest* (*Mein Äußerstes für sein Höchstes*), und der Titel weist darauf hin, dass das, was ihn antrieb, höher zielte als auf sein eigenes kleines Glück. Er gründete eine Ausbildungsstätte in London, war aber schon bald gezwungen, sowohl die Einrichtung als auch seine Familie zu verlassen, weil er als Feldpastor nach Ägypten eingezogen und mit der Seelsorge für Soldaten aus Australien und Neuseeland betraut wurde. Dort bekam er plötzlich heftige Bauchschmerzen, weigerte sich aber, sich im Lazarett in ein Bett zu legen, das für verwundete Soldaten vorgesehen war, und starb mit 43 Jahren an einem Blinddarmdurchbruch.

Wenn man an dieses Schicksal denkt, klingen seine Worte nicht mehr zuckersüß: »Um glücklich zu sein, braucht man drei Dinge: etwas, das man tun kann, etwas, das man lieben kann, und etwas, worauf man hoffen kann.«

Es lohnt sich nicht, das Glück zu suchen. Glück ist ein Nebenprodukt, die Folge von Entscheidungen im Leben, die auf etwas ganz anderes zielen, nämlich darauf, das zu tun, was man für richtig hält. Vielleicht kann man sogar sagen: Glücklich wird man, während man damit beschäftigt ist, andere Menschen glücklich zu machen.

Glücklich wird man, während man damit beschäftigt ist, andere Menschen glücklich zu machen.

Ich habe von meinem Vater ein uraltes Nachschlagewerk geerbt, *Brehms Tierleben*. Darin wird von einer Ameisenart erzählt, die es in Sachen Zusammenarbeit zu besonderer Meisterschaft bringt, den Wanderameisen. Sie leben in großen Kolonien von mehreren Millionen Tieren. Ihre Fühler, Antennen genannt, können bis zu fünf Zentimeter lang werden, und sie sind so unglaublich gefräßig, dass sie auf der Suche nach Fressbarem ständig weiterziehen müssen. Ein solcher Ameisenzug kommt langsam, aber stetig voran und lässt sich von nichts aufhalten. *Brehms Tierleben* beschreibt die Zusammenarbeit der Wanderameisen so: »Wenn ein Wasserlauf überquert werden muss, bilden sie eine lebende Brücke über denselben, indem die einzelnen Tiere einander festhalten wie Glieder einer langen Kette.«

Ich habe keine Ahnung, ob diese Beschreibung in der Welt der Ameisen wahr ist, für die Menschenwelt ist sie es.

Bei einer Konferenz in Washington hörte ich einmal den Satz: »Das beste Geschenk, das du deinen Freuden machen kannst, sind deine Freunde.«

Der Tag war schon vollgestopft gewesen mit Seminaren, Vorträgen und Begegnungen, alles in durchgehend hoher Qualität. Und doch war es der Bericht einer Frau, die ihr Leben einem sozialen Projekt in Honduras gewidmet hatte, der bei mir hängen blieb und unvergessen ist. Sie ergriff das Wort in einer eher kleinen, ganz informellen Versammlung und erzählte von ihrer Arbeit und was sie möglich gemacht hatte. Und wie nebenbei fiel dann der Satz, dass das beste Geschenk für die Freunde die eigenen Freunde sind.

Als ich vor einiger Zeit einmal versucht habe, mir einen Überblick darüber zu verschaffen, was alles in meinem eigenen Leben passiert ist, weil jemand so großherzig war, mich in seinen Freundeskreis aufzunehmen, wurde mir fast schwindelig. So vieles hat auf diese Weise begonnen oder eine neue und unerwartete Wendung genommen. Manchmal denke ich, man sollte noch mehr Zeit dafür aufwenden, Menschen mit Menschen bekannt zu machen. Lass Freunde Freunde werden. Verschenke, was du selbst geschenkt bekommen hast. Denn wenn man auf irgendetwas in dieser Welt setzen will, dann sind es auf jeden Fall die Freunde. Wenn man sie verliert, verliert vieles andere seinen Wert.

Neue und spannende Freundschaften können dem Leben für eine Weile neue Farbe geben, aber zu den treuen Freunden kehrt man immer wieder zurück. Wenn ich auf unser eigenes bisheriges Leben zurückschaue, dann weiß ich, dass wir ohne unsere Freunde verloren gewesen wären. Sie sind es, die darauf beharrten, dass wir das tun sollen, was wir eigentlich nicht zu tun wagten, sie haben bei uns Veränderungen bewirkt, sie waren da, als wir an den offenen Gräbern unserer Kinder standen, unverrückbar.

Ein Zeichen wirklicher Freundschaft ist, dass sie immer mehr Menschen einschließen will. Wenn man entdeckt, wie wertvoll sie ist, will man sie gleich mit anderen teilen. Ich glaube, das hat mit Gott zu tun. Freundschaft ist ein Rinnsal, das uns von Gottes immerfort überfließender Liebe zukommt. Sie entspringt in Gottes Herz, wächst in der Liebesbeziehung, der Dreieinigkeit, und erreicht schließlich die ganze Welt: »So sehr hat Gott die Welt geliebt …«

Ich habe erstaunt festgestellt, dass die meisten Menschen, mit denen ich darüber gesprochen habe, ihren Weg zum Glauben so beschrieben, dass jemand sie fragte: Darf ich dich einem Freund vorstellen? – Und dann veränderte sich ein ganzes Leben.

Dasselbe Prinzip gilt übrigens auch für Organisationen, und besonders für sie. Eine der Versuchungen, wenn die Sache läuft und wächst, ist nämlich, dass man glaubt, sehr gut alleine klarzukommen, dass man niemanden mehr braucht. Dabei kann, wenn man die richtigen Leute miteinander in Verbindung bringt, etwas entstehen, das nie zustande käme, wenn jeder weiter nur mit seinen eigenen Angelegenheiten beschäftigt wäre.

Es gibt einen Moment im Leben des Zwillings Thomas, den man leicht verpasst, wenn man die Geschichte zu schnell liest. Er liegt sozusagen im Schatten der großen Geschehnisse, aber je mehr ich darüber nachdenke, desto wichtiger wird er mir.

Im Lukasevangeliums findet sich eine Geschichte, die das Johannesevangelium ganz ähnlich erzählt. Lukas stellt Simon Petrus in den Mittelpunkt, und es geht um eine Nacht mit einem miserablen Fangergebnis und desillusionierten Fischern. Aber es geht auch um den Augenblick, in dem Jesus auftaucht und die jungen Fischer ermutigt, es noch einmal zu versuchen. Sie haben schon die ganze Nacht gefischt, und es scheint, als folgten sie seinem Rat unwillig oder zumindest sehr müde. Aber als sie das Netz noch einmal an etwa derselben Stelle auswerfen, füllt es sich mit so vielen Fischen, dass das Boot zu sinken droht. Der Fang ist so groß, dass sie ein anderes Fischerboot um Hilfe bitten müssen: »Sie riefen nach ihren Gefährten in dem anderen Boot, und bald darauf waren beide Boote so voller Fische, dass sie unterzugehen drohten« (Lukas 5,7).

Thomas spielt bei dem, was da passiert, keine besondere Rolle, aber in der Aufzählung der Jünger, die dabei waren, findet sich sein Name, zumindest im Johannesevangelium.

Ich glaube, dass Thomas die Erinnerung an diese Nacht

für den Rest seines Lebens mit sich getragen hat, das Bild von dem großen Fischfang, von dem Morgen, an dem alles voller Fische war, und wie schön es war, einer von denen zu sein, die solch ein Abenteuer erleben durften. Und vor allen Dingen ist da die Erkenntnis, dass der See Genezareth zu groß ist für ein einzelnes Fischerboot – so wie die Herausforderungen, vor denen wir in Kirche, Gesellschaft und Politik stehen, zu groß sind, als dass jeder der Akteure allein mit ihnen fertig werden könnte. Alle positiven Kräfte müssen zusammenarbeiten, an einem Strang ziehen und ihre Energie in eine Kraft umwandeln, die Dinge in Bewegung setzt. Solch eine Zusammenarbeit führt manchmal zu erstaunlichen Ergebnissen, und dabei ist die Zusammenarbeit an sich schon ein Teilergebnis.

Man kann auf verschiedene Arten mit der Zusammenarbeit beginnen. Eine Möglichkeit ist die, in einer Stadt oder einem Dorf aktiv nach Menschen zu suchen, die sich ungefähr denselben Aufgaben widmen oder widmen möchten, und deren Arbeit kennenzulernen. Man muss nicht ins Ausland reisen, um spannende Projekte zu besichtigen, oft reicht es, im nächsten Stadtteil zu suchen, wenn man in einer Großstadt lebt, oder in der nächsten Ortschaft, wenn man auf dem Land wohnt. Schon das Interesse für die anderen verändert das Klima in einem Ort. Danach versucht man, so viele Akteure wie möglich miteinander zu verbinden. Man teilt großzügig seine besten Kontakte und weigert sich, die anderen als Konkurrenten zu betrachten.

Viel von der Energie, die wir bei der Arbeit unserer Gemeinde geschenkt bekommen haben, entsprang solchen Besuchen und Verknüpfungen. Das ist an sich schon eine große Sache, aber darüber hinaus haben wir auch Freunde gewonnen.

An einem Frühlingstag bekamen wir Besuch von einem Pfarrer der Schwedischen Kirche in einem anderen Stadtteil von Göteborg. Er erzählte uns, dass er viel für unsere Arbeit bete, und sagte dann so schön: »Jedes Mal, wenn ich zum Altar schreite, bitte ich Gott, ihr möget doppelt so erfolgreich sein wie wir.«

Ich kehre zurück zu den Gedanken, die sich Göran Rosenbergs Vater machte und wie er das Leben in Södertälje beschrieb: Man kann sich nicht an einem Ort verwurzeln, an dem es keinen Ausgang Richtung Zukunft gibt, einem Ort, der für die eigenen Träume zu eng ist. Mir geht auf, wie sehr es dabei um die Notwendigkeit, ja gerade das Recht darauf geht, sich ein großes Bild zu eigen zu machen: ein Ziel, einen Traum, eine Vision. Ohne solch ein Bild vor Augen wird auch der größte Raum schnell zu eng. Es scheint mir, als ob die Zukunft immer erträumt werden müsse. Denn alles beginnt mit einem Traum.

In dem Buch *Out of Kalahari* kehrt Lasse Berg in das nordindische Dorf Saijani in Uttar Pradesh zurück, in dem er vierzig Jahre zuvor schon einmal gewesen war und wo er vor allem Armut angetroffen hatte. Jetzt sieht er, dass eine neue Welt aus der alten erwachsen ist. Er vergleicht diese neue Welt mit der vom Ende der Siebzigerjahre und beschreibt, wie anders und frischer das Dorf riecht, jetzt, wo sich der Standard geändert hat, was Häuser und Kleidung angeht, wo elektrische Leitungen auch die ärmste Hütte mit Strom versorgen, wie man überall beobachten kann, was zu besserer Gesundheit und längerem Leben führt – und zu einem veränderten Blick auf sich selbst und den eigenen Platz in der Welt.

Berg nennt verschiedene Gründe für die Veränderungen, vor allem das Ende der Isolation, und schließt dann mit einem Satz, den ich geradezu poetisch finde:

> *»Die größte Veränderung war wohl dadurch entstanden, dass die Dorfbewohner ihren Blick gehoben hatten, der über Generationen nach unten, auf den Pflug gerichtet war, den sie über den Acker führten. Nun blickten sie neugierig auf, in Richtung auf eine Welt, die ein Stückchen weiter weg lag. Sie hatten zu träumen begonnen.«*

Auf dem Thomasweg

In diesem Frühjahr, mitten in der Verwirklichung unseres Traums, uns in den sozialen Nöten von Göteborg nützlich zu machen, beschließen mein Sohn John und ich, fünf Tage aus dem Geschehen auszuscheren, um uns auf eine ungewöhnliche Pilgerreise zu machen und ein bisschen Ruhe zu finden. Jeder von uns packt einen kleinen Rucksack, und auf geht's nach Italien. Bevor wir starten, höre ich, dass John am Telefon offenbar von einem Freund gefragt wird, was er denn in Italien will. »Wir suchen nach ein paar Knochenstücken vom Apostel Thomas«, ist seine knappe Antwort. Das muss er dann doch mit ein paar Sätzen erläutern.

Dass Reliquien des heiligen Thomas im Laufe der Jahrhunderte ins italienische Ortona gelangt sind, das in den Abruzzen liegt, auf der Höhe von Rom, das bestreiten nur wenige. Im Internet bin ich auf eine Seite gestoßen, die von der Einrichtung eines Pilgerwegs in Erinnerung an den heiligen Thomas berichtet, einem Pfad, der in Pescara beginnt, am Fuße des Maiella entlangführt und in der Kathedrale von Ortona endet. Eine Reise mit

John zusammen zu machen, ist ein alter Traum von mir, der nun in Erfüllung geht. Wir sind schon oft zusammen gereist, aber noch nie mit unseren Füßen als alleinigem Fortbewegungsmittel. Wir fliegen über Frankfurt nach Rom und reisen dann weiter an die Adria.

Nach all den Berichten vom überlaufenen Pilgerweg nach Santiago di Compostela haben wir uns ein ganz anderes Bild vom Pilgern gemacht als das, was wir hier antreffen. *Il Cammino dell' Apostolo Tommaso*, wie der Weg heißt, ist vierhundert Kilometer lang und muss dennoch zu den unbekanntesten Pilgerwegen gehören. Auf unserer dreitägigen Wanderung gehen wir die letzten hundert Kilometer des Wegs. Alles zusammengerechnet begegnen wir auf dieser Strecke zwei anderen Pilgern. Umso erstaunlicher, dass ich auf einer Steinmauer längs des Wegs einen verlorenen Personalausweis finde. Überflüssig zu sagen, dass der Besitzer Tommaso heißt.

Der sparsame gekennzeichnete Pilgerweg führt uns durch Weinberge, hoch hinauf auf den Berg, durch Dörfer und kleine Ortschaften und schließlich hinunter ans Meer und ans Ziel unserer Wanderung.

Wenn der Alltag einen im Griff hat und jeder voll und ganz mit seinen eigenen Dingen beschäftigt ist, kommt man kaum dazu, Gespräche zu führen, in denen es nicht um all die vielen Angelegenheiten geht, die geregelt und erledigt werden müssen. Jetzt haben wir fünf Tage zum ununterbrochenen Gespräch. Hier gibt es keine Ablenkungen (mal davon abgesehen, dass wir in regelmäßigen Abständen unsere Mails checken – für Pilgernde eigentlich ein Sakrileg). Nur Wege, Hunger, Durst, Knochen, die wehtun, und Stunden und noch mehr Stunden für das Gespräch unter vier Augen. *Die* Chance, ein Gespräch auch mal zu Ende zu führen.

Wir stoßen auf unseren Pilgerweg in der Nähe von Lettomanopello, nachdem wir zuvor eine Nacht in einem wunderschön familiären, kleinen Hotel in den Bergen verbracht haben. Für uns relativ untrainierte Wanderer sind die großen Höhenunterschiede und die Hitze eine echte Herausforderung. Das Ziel unserer Wanderung ist klar, aber unterwegs erkennen wir die Bedeutung von Teilzielen. Wir legen Etappen fest – eine große Hilfe. Der Vorteil beim Wandern in Italien ist, dass jedes kleine Dorf alles hat, was man braucht, um sich gut zu ernähren. Wir trinken Kaffee in Bars, die kein bisschen hipp sind, essen Mittag im Schatten eines Feigenbaums und schlafen in Dörfern, von deren Existenz wir keine Ahnung hatten.

Und wir reden. Es ist leicht, miteinander zu reden, wenn man wandert. Mir kommt der Gedanke, dass das Verhältnis von Thomas und Jesus von außen so ähnlich ausgesehen haben muss. Jesus war mit seinen Jüngern ja ständig auf Wanderschaft, von Dorf zu Dorf. Wenn man alle Texte aussortiert, in denen Jesus entweder geht oder isst, bleiben nicht viele übrig. Lange Strecken gehen wir schweigend, das Wandern hält den Körper beschäftigt. Andere Strecken reden wir ununterbrochen – über Filme, Bücher, die Vegetation, den Glauben – und machen innerlich Listen von dem einen oder dem anderen.

Da der Jünger Thomas diese Strecke selbst ja nie gegangen ist, sind uns die heiligen Plätze, die wir längs des Weges ausgeschildert finden, nicht so wichtig. Dennoch machen wir einen Abstecher nach Volto Santo, einem

Dorf, in dem ein Tuch aufbewahrt wird, das den Abdruck des Angesichts Jesu zeigen soll, und finden dort einen Laden mit allem, was man sich nur denken kann, ein Eldorado für Leute, die ein Faible für religiöses Zubehör haben. Wie bereits deutlich wurde, gehöre ich zu dieser Gruppe und kaufe eine Pillendose, die mit dem Angesicht Jesu verziert ist. Ein extrem verlässliches Mittel gegen Kopfschmerzen. Glaube und Wissenschaft im Hosentaschenformat.

John macht sich wegen meiner Vorliebe für »merkwürdige Sachen« über mich lustig, wie er das nennt, aber unsere Wanderung hat wirklich ein geistliches Anliegen. Ich denke an all die Menschen, die vor uns auf diesem Weg unterwegs waren und über Thomas nachgedacht haben.

An den ersten beiden Tagen reden wir viel, später weniger. Unsere Gesprächsthemen sind ziemlich unsortiert, aber wichtig. Solche Gespräche entstehen nicht ohne Weiteres. Ein Gespräch wird sozusagen gebaut, indem man gemeinsam etwas zusammenträgt, Stein für Stein. Der Eine erzählt etwas, und der andere hört zu. Man kommentiert oder fragt, und das Gespräch dreht eine weitere Runde. Und manchmal ist es einfach still.

Genau diese Zeiten, in denen niemand etwas sagt, können das Kennzeichen eines gelingenden Gesprächs sein. Genau wie das Gefühl, einander nah zu sein. Wenn man merkt, dass das Gegenüber eigentlich in eine andere Richtung zieht, wenn man das, was der andere sagt, nur als Sprungbrett für Assoziationen aus dem eigenen Erfahrungsschatz benutzt, dann stockt das gemeinsame Bauen. So wie es einem geht, wenn man freudestrahlend berichtet, dass man im Urlaub auf Mallorca war, und der Gesprächspartner einem sofort die Freude raubt, indem er verkündet, dass er schon vor zwanzig Jahren dort war – bevor da alles zugebaut war! Dann erzählt man eben nichts mehr.

Es ist kein Zufall, dass zwischen John und mir auf unserer Wanderung gute Gespräche zustande kommen. Nebeneinander zu gehen, sich beim Reden also nicht in die Augen zu schauen, tut dem Gespräch gut. Da fühlt es sich auch nicht seltsam an, wenn man nicht ständig redet. Für diese Erfahrung muss man übrigens nicht nach Italien reisen; in Kleinnebendran funktioniert das genauso gut.

In Johns Teenagerjahren machte ich mir Sorgen, weil wir nach meiner Einschätzung zu wenig miteinander redeten und alle Fragen von seiner Seite mit »Läuft« abgebügelt wurden. Seit jener Zeit haben wir vieles gemeinsam durchgestanden, und wir sind auf eine Weise daran gewachsen, die das Zusammensein jetzt ganz einfach macht. Miteinander zu reden fällt uns leicht. Wie John mit der Krankheit seiner Brüder und dann mit ihrem Tod umgegangen ist, habe ich immer bewundert. Und nun wandern wir Kilometer für Kilometer auch durch deren Leben. Und durch unsere Leben, mit und ohne sie. Solch ein Gespräch kommt selten zustande, wenn John kurz bei uns zu Hause reinschaut und bald darauf schon wieder in sein eigenes Zuhause zurückkehrt.

Seine Haltung zu allem, was passiert ist, berührt mich tief – seine Seele ist hell geblieben, ohne dass John deshalb das Schwere verdrängt hätte.

John ist das mittlere Kind; das ist eine ganz besondere Rolle. Seinen Platz zwischen zwei Brüdern zu finden, die so viel Aufmerksamkeit und Fürsorge brauchten wie Johns Geschwister, machte die Sache noch schwieriger. Seine Haltung zu allem, was passiert ist, berührt mich tief – seine Seele ist hell geblieben, ohne dass John deshalb das Schwere verdrängt hätte.

Als wir kaum noch stehen und gehen können, erreichen wir das Dorf Brecciarola und trinken einen Kaffee, der dann in ein ausgedehntes Mittagessen übergeht. Irgendwie kommen wir vom Thema »Johns Platz in der Geschwisterfolge« auf Thomas, der mit großer Wahrscheinlichkeit ein Zwilling war, und was ich über die Identitätsfindung bei Zwillingen gelesen habe. Ich erzähle John, dass einer der Gründe für diese Reise mein Gefühl ist, ein Bruder des biblischen Thomas zu sein, des Zwillings aller Zweifler. Ich fürchte, dass John mit dem Kopf gegen die Steinwand gelehnt gerade einnickt, während ich das Thema wiederkäue und ganz ungebeten erzähle, dass ich bei meiner Recherche zwei Zwillingspaare besucht habe, um deren Auffassung von dieser besonderen Geschwisterkonstellation kennenzulernen. In beiden Fällen waren es eineiige Zwillinge: zwei junge Frauen, Cita und Annika, die sich als Teenager prompt in denselben Jungen verliebten, und zwei junge Männer, Patti und Nicklas, die sich selbst als »eine Amöbe, die sich fortbewegt; zwei Menschen, aber in derselben Bewegung« beschrieben.

Das Zusammenspiel der beiden Zwillingspaare zu beobachten war eindrücklich: wie sie einander ins Wort fielen, die Sätze des anderen zu Ende führten, ergänzten und verdeutlichten, lauter Dinge, die ihnen selbst sicher nicht auffielen. Es bestätigte, was ich über Zwillinge gelesen hatte, die ja tatsächlich oft als Einheit angesprochen werden. Da ruft ein Besucher: »Ist Nicklas oder Patti zu Hause?« Und dass von Cita und Annika meist nur als von »den Zwillingen« gesprochen wird, erzählten sie mir als Fakt, nicht als Problem.

Irgendwo hier wacht John auf und fragt, worüber wir gerade reden. Ich fasse das Gesagte kurz zusammen und John fragt, ob ein Zwilling zu sein oder ein normales Geschwisterkind zu sein, sich wirklich so stark voneinander unterscheidet.

Bei diesen zwei Zwillingspaaren scheint es so zu sein, ist meine Antwort, und ich erzähle, dass Cita ihre vorgeburtliche Zeit mit Annika mit den Worten beschrieb: »Wir haben uns ein Abteil geteilt. Wir waren klein, aber zwei.« Und dann erzählte sie, wie aufgeregt die beiden waren, als sie zu Beginn des Studiums verschiedene Seminare besuchen sollten, als jede ohne die andere im Vorlesungssaal sitzen musste. Als Annika heiraten wollte, schicke das Amt die nötigen Unterlagen an Cita – oder war es andersherum?

Vor allen Dingen beschrieben sie, wie nah sie einander auch heute stehen, dass die Eine immer da ist, wenn der anderen etwas zustößt. Sie gehören irgendwie zusammen, sage ich, körperlich wie seelisch, aber es war ihnen wichtig zu betonen, dass jede »einen eigenen Draht zu Gott« hat.

Wir trinken einen weiteren Kaffee und beschließen, noch ein Weilchen sitzen zu bleiben. In der Mittagszeit ist es so heiß. Ich setze meinen Bericht von Patti und Nicklas fort, wo wir ohnehin hier sitzen und nichts anderes zu tun haben. Auf allen Fotos sind sie immer beide zu sehen, und sie tragen ähnliche Kleidung in ähnlichen Farben. Vor ihren Teenagerjahren wussten sie nicht, wie es ist, allein zu sein. Sie waren immer zusammen, und trotzdem zog es sie auch in den Schulpausen noch zueinander. Sie beschrieben ihr Gefühl als eine »angeborene Sicherheit«. Ich sage John, dass es mich nicht gewundert hat, als die beiden erzählten, sie hätten sich in zwei Mädchen aus derselben Familie verliebt – Zwillingstöchter, versteht sich.

Als wir aufstehen, um die nächste Etappe zu wandern, ist so viel Zeit vergangen, dass wir ein strammes Tempo vorlegen müssen, um rechtzeitig Lanciano zu erreichen, wo wir die Nacht verbringen wollen. Nach einiger Zeit fällt mir ein, dass ich vergessen habe zu erzählen, was die Zwillinge über Thomas' Aufbruch und lange Reise dachten. Ich hatte sie gefragt, wie man sich vom anderen trennen und bis nach Indien reisen kann, wenn man so eng verbunden ist. Patti meinte, wenn Thomas ein eineiiger Zwilling gewesen wäre, hätte er das niemals getan, weshalb die Reise der Beweis dafür sei, dass er ein zweieiiger Zwilling war. Nicklas behauptete etwas anderes: Es sei auch für eineiige Zwillinge sehr wohl möglich, allerdings sei der andere Zwilling sicher früher oder später nachgereist. »Zwillingsblut ist dicker als Blut«, sagte er wörtlich.

So geht es weiter, Kilometer um Kilometer. Thomas gibt uns Stoff, um über wichtige Dinge zu sprechen, und begleitet uns auf diese Weise durch eine Landschaft, die so schön ist, dass es in der Seele vibriert. An Tag zwei verlieren wir den Weg, verlaufen uns und sind am Ende so müde, dass wir ein Taxi zum nächsten Dorf nehmen. Pilger im Taxi machen keinen guten Eindruck, aber das stört uns nicht. Die Strecke ist uns ja nicht heilig. Oder doch: Alles kann heilig sein, sogar eine Taxifahrt.

Am nächsten Tag setzen wir unsere Wanderung auf dem Pilgerweg fort. Wir trotten vor uns hin, im monotonen Rhythmus unserer Schritte. Bergab zu gehen ist anstrengender, als bergauf zu gehen. Das glaubt man erst nicht, aber man strapaziert andere Muskeln beim Abstieg als beim Anstieg. Am späten Vormittag gehen wir dann eine lange Strecke mit mäßiger Steigung. Oben auf der Anhöhe ernten einige Männer Kirschen am Rand eines Weinbergs. Einer von ihnen sieht uns, schneidet einen ganzen Zweig ab, der so viele große, dunkelrote Kirschen trägt, dass er schwer nach unten hängt, läuft auf uns zu und schenkt ihn uns.

In dieser Nacht schlafen wir in einem Weingut in Casacanditella. In dem schönsten Zimmer, in dem ich je übernachtet habe, steht mittendrin eine Badewanne. Nach Pizza und Fußball in der lokalen Imbissbude nehmen wir ein Bad und schlafen schon fast, als wir unsere Betten erreichen.

Ich habe Mutter Teresas Buch mit ihren persönlichen Aufzeichnungen und Briefen dabei, *Komm, sei mein Licht*. Beim Frühstück lese ich John eine Stelle vor, die zeigt, wie sehr Mutter Teresa kämpfen musste, um ihre Vision von den »Missionarinnen der Barmherzigkeit«, den Schwestern, die in den Slums von Kalkutta arbeiten sollten, wahr werden zu lassen. Wie sie ihr relativ behagliches Klosterleben verließ, um Tag für Tag in das einzutauchen, was sie »die dunklen Löcher« nannte, die der Armut, die so undurchdringlich ist, dass man glaubt, kein Licht darin finden zu können.

Einmal begonnen, wächst die Arbeit schnell, es kommen immer mehr Schwestern dazu, viele fühlen sich berufen, Mutter Teresas Armut zu teilen. Die sieht eine Gefahr darin, sie merkt, dass die Not so groß ist, dass die Schwestern von ihr verschlungen zu werden drohen. Wie kann sie das verhindern? Wie soll sie das schaffen? Und bleibt das Gebet nicht auf der Strecke?

Sie betet oft wegen dieses Problems, und dabei kommt ihr der Gedanke, dass jede Schwester »ein anderes Ich« braucht. Die Sache beginnt, wie fast alles, das auf Dauer Bestand hat, im kleinen Maßstab. Mutter Teresa denkt an Jaqueline de Decker, eine belgische Krankenschwester und Sozialarbeiterin, die gerne mitarbeiten möchte, es aber aus gesundheitlichen Gründen nicht kann. Sie schreibt ihr einen Brief und macht einen Vorschlag: Jaqueline soll mitarbeiten, indem sie Mutter Teresas anderes Ich wird, wörtlich: »ein geistlicher Zwilling«. Sie soll ihre Gebete an Teresas statt verrichten und an ihrer Stelle den Anfechtungen standhalten, damit Teresas Arbeit Frucht trägt. Die guten Werke, die Mutter Teresa tut, sollen dagegen Jaqueline gutgeschrieben werden. Bald erwächst daraus eine Vision für die Zukunft: In dem Maße, wie die Arbeit wächst, soll auch eine Schar von Mitarbeitern wachsen, »Lahme und Behinderte, die nicht geheilt werden können«, Menschen, die mit ihrem Herzen bei der Arbeit sind, aber aus verschiedenen Gründen nicht an der »Front« stehen können.

Während ich das alles John vorlese, fällt mir auf, dass auch Stanley Jones solch einen geistlichen Zwilling hatte. In seinen Büchern ist von einer Miss Nellie die Rede; sie war von der ersten Klasse an seine Lehrerin. Miss Nellie Logan erlebte Jones' Bekehrung; mehr als vierzig Jahre schrieben sich die beiden dann Briefe und wurden zu einem guten Team – Jones an der Front und Nellie im Hintergrund. Sarah Alice Jones, Stanleys Mutter, hatte auf ihrem Totenbett Nellie gebeten, ihrem Sohn durch Gebet, Ermutigung und klugen Rat zur Seite zu stehen. Jetzt, da sie sterbe und nicht länger für ihren Sohn beten könne, solle Nellie das an ihrer Stelle tun.

Wir schweigen eine Weile und lassen unsere Gedanken wandern. Menschen wie diese haben das Patenschaftsmodell unserer Gemeinde inspiriert, bei dem vor allem Ältere als »geistliche Zwillinge« hinter den Freiwilligen in der sozialen Arbeit stehen.

Bevor wir aufbrechen, sprechen wir auch über all die Menschen, die uns als Familie durch viele Jahre getragen haben. In Zeiten, in denen wir es nicht geschafft haben zu beten, haben andere für uns gebetet. Was das bedeutet hat, kann man gar nicht zu hoch einschätzen.

Die Wanderung an unserem letzten Tag beginnt mit einem langen Abstieg. Mit ihren gut dreißig Kilometern wird es die längste und anstrengendste Etappe sein. Wir sind zu müde, um zu reden, und ich gehe in Gedanken zurück zu meiner Reise auf Thomas' Spuren: Potsdam, Tiberias, Chennai, Kochi, Kottayam und zurück nach

Göteborg. Alles begann mit der Begegnung von Thomas und Jesus, nachdem Thomas den Satz gesagt hatte, der berühmt wurde: »Wenn ich nicht in seinen Händen die Nägelmale sehe und lege meinen Finger in die Nägelmale und lege meine Hand in seine Seite, kann ich's nicht glauben« (Johannes 20,25).

Dieser Satz ist oft diskutiert worden, genau wie die Frage: Hat Thomas jemals die Wundmale berührt? Der Text sagt dazu nichts. Mir scheint die Frage eher uninteressant zu sein, interessant finde ich, wie mit Thomas umgegangen und dass sein Zweifel ernst genommen wurde. Dennoch ist Thomas' Wunsch, die Wundmale zu berühren, wichtig, denn er verschiebt die Frage nach dem Glauben vom Kopf in den Rest des Körpers, und genau dort wird der Glaube für viele Menschen möglich, jedenfalls für die, die in einem ähnlichen Milieu aufgewachsen sind wie ich.

Der christliche Glaube wird oft mit einer Wanderung verglichen. »Pilgern ist Beten mit den Füßen«, heißt es, und vielleicht ist es ja tatsächlich die buchstäbliche Umsetzung des Wegs zu Gott? Die frühen Christen wurden »Die auf dem Weg sind« genannt, und wieder verbinden sich Glaube und Körper. Mit dem Körper nähert man sich Gott auf andere Weise als mit dem Intellekt. Der Glaube ist keine Idee oder ein Gedanke, auch keine Lehre, der man folgen soll. Glaube ist ein Tun. Er ist eine Erfahrung, etwas, dem man begegnet, in das man sich mit Haut und Haaren hineinstürzt. So unbegreiflich wie eine junge Liebe.

Das hat nichts mit Anti-Intellektualismus zu tun. In der

Kirche war im Laufe der Geschichte immer auch Platz für Menschen mit einem scharfen Verstand. Man kann über den Glauben promovieren, und doch ist er etwas, das auch einem Kind offensteht. Das erlebe ich in meiner Arbeit zu Hause mit all den Menschen, die ihren Glauben nicht in Worte fassen könnten, die es in Verlegenheit brächte, wenn sie für den Glauben oder für die Kirche das Wort ergreifen sollten, die aber in ihrem Element sind, wenn sie Lebensmitteltaschen packen dürfen oder Kranke besuchen. Sie glauben mit dem Körper, sie drücken ihren Glauben mit Händen und Füßen aus.

Glaube ist keine Idee oder ein Gedanke, auch keine Lehre, der man folgen soll. Glaube ist ein Tun. Er ist eine Erfahrung, etwas, dem man begegnet, in das man sich mit Haut und Haaren hineinstürzt.

Ein geistlicher Rat, der mir sehr viel bedeutet, ist der Satz eines deutschen Jesuiten: »Wenn nichts mehr geht, dann geh!« Ich weiß nicht, wie oft ich schon meine Beine zu Hilfe genommen habe, wenn meine Seufzer und Gebete an der Decke abzuprallen schienen. Es ist erstaunlich, wie viel durch Menschen geschieht, die wandern.

Wenn ich mich in meinem Freundeskreis umhöre, sagen fast alle dasselbe: Wenn die Unruhe zu groß ist und die Sorgen zu drückend sind, dann entsteht das Bedürfnis zu laufen. Spazieren zu gehen ist ein sehr taugliches Mittel, um mit sich selbst ins Gespräch zu kommen, mit einem guten Freund oder mit dem Gott des Lebens. In seinem Buch *Being in Love. A Practical Guide to Christian*

Prayer[15] schreibt der irische Autor William Johnston, dass er, als er einmal in einer tiefen geistlichen Krise steckte, von einem geistlichen Begleiter den Rat bekam: »Was du brauchst, sind frische Luft, Bewegung und gutes Essen. Fahr in die Berge oder ans Meer! Geh spazieren!«

Johnston schreibt, dass er diesen Rat gern an Menschen weitergibt, die sich gerade im Dunkeln befinden. Natürlich weiß er, dass ein Spaziergang keine geistliche Nacht verscheucht, aber er weiß auch, dass beim Wandern etwas geschieht, das den Menschen offen sein lässt.

Endlich angekommen in Ortona, verbringen wir eine Stunde in der Basilica di San Tommaso Apostolo. Sie ist, ehrlich gesagt, nicht mehr als noch eine große Kirche in einem Land voller großer Kirchen. Wir schleichen eine Weile durch das Halbdunkel und setzen uns dann schräg gegenüber auf der anderen Straßenseite in ein Café, feiern, dass wir unser Ziel erreicht haben, und schicken Lotta und unseren Freunden Bilder. Wir halten noch einmal fest, dass der Apostel Thomas nie hier war. Aber wir waren hier, und dafür sind wir ihm dankbar.

Mein Leben auf ein »Ja« bauen

Ein Jahr nach dem Gespräch mit Sandra wurden wir zusammen mit einer Arbeitsgruppe aus einer Gemeinde in Bersjön, einem Stadtteil von Göteborg, zu einer Konferenz nach Malmö eingeladen. Gastgeber war die Gruppe *Die Zukunft wohnt bei uns*, ein Netzwerk von 24 Kirchengemeinden aus multireligiösen und multikulturellen Stadtteilen. Ein Gespräch beim Mittagessen mit einer jungen Pfarrerin wurde für mich zum Höhepunkt zweier interessanter und wichtiger Tage. Sie verriet mir das Motto, das sie bei allen Projekten leitete: »Wenn etwas gut läuft – mach viel davon. Wenn etwas schlecht läuft – mach weniger davon.«

Falsch verstanden könnte man dieses Motto zum Vorwand nehmen, um nur das zu tun, was sich lohnt oder was leicht von der Hand geht. Aber so habe ich die Pfarrerin nicht verstanden. Eher gibt dieses Motto einen Hinweis darauf, welche Aufgaben Energie geben und welche Energie rauben.

Ich habe schon so viel Zeit und Kraft in Sachen gesteckt, die gar nicht die Voraussetzungen mitbrachten, um zu gedeihen, Dinge, die ich auch noch mit der Brechstange im Kalender unterbringen musste, bei denen ich aber besser gleich Nein gesagt hätte. Und im persönlichen Bereich habe ich gegen Schwächen und Defizite gekämpft, um dann Jahre später festzustellen, dass der Kampf immer noch andauert, dass es aber zwecklos ist, in Bereichen, die schlecht laufen, etwas weniger schlecht sein zu wollen. Ist es nicht sinnvoller, den Kampf aufzugeben und auf das zu setzen, was Potenzial hat?

Ich habe schon so viel Zeit und Kraft in Sachen gesteckt, die gar nicht die Voraussetzungen mitbrachten, um zu gedeihen, Dinge, die ich auch noch mit der Brechstange im Kalender unterbringen musste, bei denen ich aber besser gleich Nein gesagt hätte.

Nach meiner Erfahrung hat die Konzentration auf die Stärken auch positive Auswirkungen auf die Defizite, weil von dort eine Energie ausgeht, die auch auf die Gebiete ausstrahlt, auf denen man sich nicht mehr weiter abmüht. Es ist wie bei einer langen To-do-Liste, deren erste zwei Punkte man abhaken kann. Dabei bemerkt man oft, dass sich, weil man gerade so im Schwung war, ein oder zwei andere Punkte gleich mit erledigt haben.

In der kirchlichen Welt grenzt diese Auffassung an eine Provokation. So oft hört man in der Verkündigung, dass man nur dann ein ganzer Mensch wird, wenn man es schafft, mit seinen Defiziten, Schwächen und Untugenden fertig zu werden. Das Wort für diesen Prozess, die *Heiligung*, hat uns die Stärken fast vergessen lassen. In einem solchen Milieu werden Begabungen mit der Zeit zum Handicap: Worunter man leidet, das muss man benennen, aber von dem, was man gut kann, soll man lieber schweigen. »Gott gehört die Ehre.«

Ich glaube nicht, dass Gott diese Art von Ehre haben will, viel lieber möchte er, dass wir aus den Begabungen, die er uns gegeben hat, etwas machen. Das ist unser Dank; so wird er greifbar. Manchmal müssen natürlich destruktive Verhaltensmuster, schlechte Angewohnheiten und zwanghaftes Handeln erkannt werden, damit die heilende Kraft zum Zuge kommen kann, häufiger geschieht es jedoch, dass Lösungen sich von selbst einstellen, während man sich dem widmet, das einem entspricht.

Das New Yorker Gallup-Institut hat einen Test entwickelt, der *StrengthsFinder* heißt. Er wurde auf der Grundlage von mehr als dreißig Jahren Umfragen unter mehr als zwei Millionen Menschen erarbeitet. Das Resultat dieser Umfragen lautete: Man ist erfolgreich, wenn man seinen Fokus nicht auf die Schwächen, sondern auf die Stärken legt. Dazu muss allerdings klar definiert werden, was Erfolg bedeutet. Es geht hier um das, was mich meinem vollen Potenzial näherbringt, was mich wachsen und blühen lässt. Wirklicher Erfolg geschieht nie auf Kosten anderer und er vergleicht sich nicht mit anderen. Wer seinen Platz gefunden hat, nimmt keinen anderen den Platz weg.

Die Arbeit mit dem *StrenghtsFinder* basiert auf drei Begriffen: Talent, Werkzeug und Wissen, wobei das Talent an erster Stelle steht. Wenn dem Talent das richtige Werkzeug und das notwendige Wissen zur Verfügung stehen, dann geschieht etwas, das sonst nicht geschähe. Das hört sich zunächst verdächtig nach Positivem Denken an, und deshalb war ich erst einmal auf der Hut. Nachdem ich mich diesem Arbeitsmaterial mit gehöriger Skepsis genähert hatte, ging mir aber schnell auf, wie groß die Unterschiede sind. Im Wildwuchs des Positiven Denkens, also in seiner am meisten verbreiteten Form, geht es um reines Wunschdenken: Man stellt sich etwas vor oder proklamiert etwas als vorhanden, was in Wirklichkeit nicht da ist. Man wird reich, indem man sich selbst einredet, reich zu sein – selbst wenn man ohne einen Cent dasteht. Die Ausrichtung auf die Stärken setzt dagegen bei dem an, was vorhanden ist, und nährt und pflegt ganz bewusst das, wozu man eine innere Neigung verspürt. Der *StrengthsFinder* arbeitet mit einem umfangreichen Test, an dessen Ende sich fünf Top-Stärken herauskristallisieren; von ihnen ausgehend wird ein Plan für das weitere Handeln erstellt.

Als ich diesen Test für mich selbst gemacht hatte und am Ende das Resultat las, überkam mich ein Gefühl wie in der Begegnung mit jemandem, der mich zutiefst versteht. Seitdem trage ich die Beschreibung meiner fünf Stärken als App im Smartphone bei mir und schaue ziemlich häufig darauf, besonders wenn ich mal wieder beinahe der Versuchung erliege, in Arbeitsbereichen mitzumischen, für die andere viel mehr Talent besitzen. Ein einfaches, sehr praktisches Mittel, um seine Grenzen zu erkennen. Mich so abzugrenzen, vergrößert gleichzeitig den Raum für das, was ich wirklich will, und gibt mir die notwendige Energie, um das abzulehnen, was nicht »mein Ding« ist.

Es liegt einem immer näher, bei der Selbsteinschätzung mit dem zu beginnen, was man sich nicht zutraut. Aber solange man sich damit zufriedengibt, unter Skeptikern zu bleiben oder Menschen, die heimlich eifersüchtig sind, die nie etwas wagen, die Niederlagen so sehr fürchten, dass sie sich quasi gegen unerwartete Siege immunisieren, so lange kann man nicht zur vollen Blüte gelangen. Herauszufinden, welches Ja mein Leben bestimmen soll, ist so betrachtet eine Aufgabe, die nicht nur mit mir selbst zu tun hat, sondern auch auf meine Umgebung Rücksicht nimmt. In der Nähe eines Menschen, der weiß, was er will, und der den Platz, an dem er steht, mag, wird eine besondere Freiheit spürbar. Und eine von Energie erfüllte Ruhe. Wenn die Sonnenblume blüht, hat sie ihren Platz und ihre Ausrichtung gefunden, um in der Blumensprache zu sprechen.

Ich bin mehr und mehr davon überzeugt, dass jeder Mensch in sich etwas trägt, das ganz einzigartig ist: seinen Beitrag, seine Mission, das, was gerade er in dieser Welt tun soll. Wenn dieser Beitrag übergangen wird, wenn die Talente dieses Menschen brachliegen, wird die Welt ärmer. Und: Die Gaben anderer Menschen ins Licht zu stellen, ist eine tägliche und mitmenschliche Aufgabe, ein Stück Weltverbesserung.

Nächstenliebe bedeutet nicht nur, den Schwachen zu stützen und dem wieder auf die Beine zu helfen, der gefallen ist. Nächstenliebe bedeutet auch, ein Mensch zu sein, der anderen zum Wachstum verhilft, der sich über ihre Stärken freut – wie auch über die eigenen – und der sie fördert.

Vor der Indienreise hatte ich aufs Geratewohl ein paar Bücher von Stanley Jones bei verschiedenen Antiquariaten bestellt. Einige davon hatte ich als Reiselektüre dabei. Ich musste fast lachen, als ich entdeckte, wie stark Jones das Ja betont. Eins seiner Bücher heißt auf Schwedisch sogar *Guds ja* (*Gottes Ja*). Dieses durchgehende, beharrliche Ja zum Menschen, zum Leben, zu Gott war wohl Jones' Markenzeichen, ohne dass er es allzu auffällig vor sich her getragen hätte. Er machte aber auch kein Geheimnis daraus, dass er zu kämpfen hatte, dass er auf der Suche war, dunkle Zeiten durchlebte, an der eigenen Schwachheit und an der anderer litt. Aber das, woran ihm am meisten gelegen war – und da predigte er auch sich selbst – war der Grundsatz: Begegne dem Leben mit einem Ja!

Seiner Ausreise nach Indien ging eine schwere Zeit voraus. In seinem Buch *Along the Indian Road*[16] schildert er, wie ihn ein Gefühl der Unterlegenheit überkam, als er zum ersten Mal einem Inder begegnete. Es war bei einer Konferenz christlicher Studenten in Nashville, als er zum ersten Mal einem Menschen aus dem Land gegenüberstand, in das er schon bald reisen sollte. Ihn ergriff dabei das Gefühl, dass der Mann eine Demut und eine Tiefe besaß, die ihm selbst fehlten. Dieser indische Mann war »sehr alt und sehr neu«, und er ließ ihn so etwas wie einen »Geist-Hauch« verspüren, schrieb Jones später. Dieser Eindruck sei nicht irgendeiner Äußerlichkeit entsprungen, er gründete vielmehr in einer verborgenen Tiefe. Sein Vorhaben, als Missionar nach Indien zu gehen, erschien Jones plötzlich wie etwas Peinliches. »Was hatte ich einen Menschen wie diesen zu lehren?« Jones beschreibt, wie verlegen ihn diese Begegnung machte, dass er sich grün hinter den Ohren, völlig unreif fühlte, auch angesichts des Landes und der Kultur, die dieser Mann verkörperte. In der Folge fragte er sich immer wieder, ob er den Gedanken, Missionar zu werden, aufgeben sollte. Aber dann gibt es da ein »Wenn nicht« in seinen Schilderungen: »Wenn ich nicht gespürt hätte, dass ich trotz meiner mangelnden Reife etwas besaß, etwas, wovon ich wusste, dass ich selbst es brauchte und dass dieser Mann es vielleicht auch brauchte.«

Wegen dieses »Etwas« geht er. Daran hält er sich, als er tatsächlich von Amerika nach Indien reist und auf diesem anderen Kontinent die Herausforderung annimmt, seinen Glauben mit Menschen aus einer Kultur zu teilen, die er für weit spiritueller hält als die eigene. Seine Reise in das Land, das er später so sehr liebte, hätte also früh zu Ende sein können. Genauer gesagt: Sie hätte beinahe nie begonnen – wenn Jones nämlich mehr auf seine Unfähigkeiten geschaut hätte als auf den Beitrag, den er – und nur er – leisten konnte.

Was wäre passiert, wenn Thomas auf die Stimmen, die in ihm »Nein!« riefen oder flüsterten, gehört hätte, statt dem scheinbar Unmöglichen mit einem demütigen, zitternden »Ja« zu begegnen?

Ich denke an Thomas, den Zwilling, der der Legende nach zusammen mit den anderen Aposteln das Los warf, um zu bestimmen, wer von ihnen in welchem Teil der Welt das Evangelium verkündigen sollte, und wie es ihm ging, als sein eigenes Los auf Indien fiel. Wie er zuerst argumentierte und seine Mängel und Schwächen aufzählte, wie er darauf bestand, dass diese Herausforderung einige Nummern zu groß für ihn sei. Aber dann gab ihm »etwas« den Mut, alle diese Neins gegen ein größeres Ja fallen zu lassen.

Was wäre passiert, wenn Thomas auf die Stimmen, die in ihm »Nein!« riefen oder flüsterten, gehört hätte, statt dem scheinbar Unmöglichen mit einem demütigen, zitternden »Ja« zu begegnen? Die sieben Millionen in Indien lebenden Christen, die sich auch heute noch als die geistlichen Nachfahren des Thomas aus Galiläa betrachten, sind und geben die Antwort auf diese Frage.

Ich glaube, dass in jedem Menschen ein ähnlicher Kampf stattfindet. Schon früh im Leben kämpfen wir mit den Stimmen, die unsere Träume niedermachen, die uns gleichschalten und passiv machen wollen. Später im Leben halten uns das Vergleichen und eine vorgeschobene Bescheidenheit in ihren Klauen: »Wer bin ich, dass ich ...?« Und noch später entsteht das Gefühl, sich verausgabt zu haben und nicht mehr gebraucht zu werden.

Gottes Ja muss auf mein Ja treffen. Wenn das geschieht, ist nichts unmöglich.

Dieses innere Ringen interessiert mich. Ich begegne ständig Menschen – mit oder ohne kirchliche Bindung –, die ihr Ja weggeworfen haben und nie zur Blüte gelangt sind. Unsere Gesellschaft ist voller Blumen, die nie geblüht haben, Blumen, die auf einen Lichtstrahl warten, der ihnen die Chance gibt, all das zu entwickeln, was in ihnen steckt.

Ich fürchte keine Proteste oder Widerstand, ich habe keine Angst, dass Menschen Dinge anders machen könnten, als ich sie gemacht hätte. Ich fürchte das Müde, das Pflichtschuldige, das Energielose, denn das besetzt den Platz, an dem doch Engagement und Eigenart wachsen sollten. Gottes Ja muss auf mein Ja treffen, um mit Stanley Jones zu sprechen. Wenn das geschieht, ist nichts unmöglich.

Der Radiotest

Wie erkennt man, was das Wichtigste von den vielen Dingen ist, die unsere Zeit und Aufmerksamkeit fordern und alle dringend zu sein scheinen? Schlechtes oder Bedeutungsloses auszusortieren, ist nicht schwer. Schwer ist es, das Gute zu begrenzen, weil kein Platz dafür ist, also »gute Sachen in der richtigen Reihenfolge zu versäumen«, wie ein kluger Freund zu sagen pflegt. Nicht selten hat man ja das Gefühl, alles sei gleich wichtig.

Der Theologe Henri Nouwen schreibt in einem seiner Bücher, dass er in der ersten Seminareinheit mit neuen Theologiestudenten und -studentinnen immer eine gerade Linie von der einen Tafelseite bis zur anderen zog und sagte: »Das hier ist dein ewiges Leben in Gott. Du gehörst Gott von Ewigkeit zu Ewigkeit. Du wurdest schon geliebt, bevor du geboren warst, und du wirst in Ewigkeit geliebt werden.« Dann zeigte er auf ein ganz kleines Stück der langen Linie, irgendwo in der Mitte, einige wenige Zentimeter von den zwei oder drei Metern Tafelbreite, und sagte:

»Und das ist dein Leben auf der Erde. Es ist nur ein Teil deines Lebens in Gott, und dieser Abschnitt kann lang oder kurz sein. Aber es ist die Zeit, in der du die Möglichkeit hast zu entdecken, dass du von Gott geliebt bist, und es sind die wenigen Jahre, in denen du Gott antworten darfst: ›Ich liebe dich auch.‹«

Man kann sich gut vorstellen, dass Nouwen den Studierenden auf diese Weise half, die Dinge aus der richtigen Perspektive zu betrachten. Jeder Termin gehört in den Zusammenhang des größeren Gesamtbilds, und es hat eine erstaunliche Wirkung, wenn man seine Lebenslinie ein Stückchen länger zieht, als man es normalerweise tut, und es ernst nimmt, dass die Herausforderungen des Lebens über das hinausgehen, was wir immer zu hören bekommen: »Carpe diem!« und »Begegne jedem Augenblick mit Achtsamkeit!«. Auch der heutige Tag braucht wie jeder Tag einen Zusammenhang, um seinen richtigen Stellenwert zu bekommen.

Manchmal muss man über die aktuelle Kalenderseite hinausblättern, um auf das Ganze zu blicken: Wie wird das Frühjahr? Wie wird das Jahr? Wenn man ab und zu aufsteht und den Blick über den aktuellen Tag hinausschweifen lässt, wenn man sich dann fragt, wohin man eigentlich unterwegs ist, dann wertet man das Heute nicht ab. Eher gibt es die Kraft, im Heute die Entscheidungen zu treffen, die unserer großen Sehnsucht entsprechen.

Für die von uns, die mit anderen Menschen in einer Liebes- oder Freundschaftsbeziehung leben, besteht meiner Meinung nach die Herausforderung im Alltagsgrau oft darin, dass wir es wagen müssen, so anstrengende Fragen zu stellen wie: Wollen wir noch zehn oder zwanzig Jahre so weiterleben wie jetzt? Können wir unseren Lebensstil auch auf der Langstrecke durchhalten (wenn uns denn ein langes Leben beschieden sein sollte)? Geht es unserer Liebe gut, so wie wir jetzt leben? Wir müssen uns diese Fragen stellen, einfach, weil ein Tag nach dem anderen unmerklich und so schnell verschwindet, dass, ehe wir es ahnen, aus allem, was »einfach so« geschehen ist, ein Leben wurde. Und dass es mein Leben war. Die Frage ist nur, ob es das Leben war, das ich führen wollte.

Wichtiges von Unwichtigem zu unterscheiden, ist eine Arbeit, die wir bewusst vornehmen müssen. Wenn wir es nicht tun, dann füllt das Leben ganz allein jeden unserer Tage.

Wichtiges von Unwichtigem zu unterscheiden, ist eine Arbeit, die wir bewusst vornehmen müssen. Wenn wir es nicht tun, dann füllt das Leben ganz allein jeden unserer Tage. In unserem Teil der Welt scheinen das bestimmte Kräfte für uns zu erledigen. Als gäbe es da eine automatische Nachfülleinrichtung. Aus »viel« will immer »mehr« werden, ohne dass wir das merken. Es sind nicht nur Dinge, die unser Leben anfüllen, sondern auch Aktivitäten, Kontakte und vieles andere. Nichts davon ist an sich schlecht, das Problem ist lediglich, dass ein Leben nicht unbegrenzt Raum für alles bietet. Wenn man die Dinge laufen lässt, entdeckt man eines Tages, dass ausgerechnet das, was man im Tiefsten wollte, keinen Platz mehr gefunden hat.

Im Gespräch mit der jungen Pfarrerin bei der Konferenz in Malmö (»Wenn etwas gut läuft – mach viel davon!«) fragte ich sie auch, wie ihr ihre Arbeit gefiel, und sie antwortete: »Was ich wirklich gern tue, ist, Ämter niederzulegen und Aufgaben abzugeben.«

»Aber irritiert das nicht Ihre Gemeinde?«, fragte ich.

»Zuerst schon«, antwortete sie. »Aber dann nicht mehr.«

Nach einem längeren Schweigen ergänzte sie, als wäre der gedankliche Zusammenhang jedem klar: »Ich beschneide auch sehr gerne Bäume. Das schafft mehr Licht, mehr Energie und Wachstumsmöglichkeiten. Es macht Platz für Neues.«

Was sie sagte, war ja so weise! Das Beschneiden der Bäume hat keinen Wert in sich. Man beschneidet sie, weil man Platz schaffen will für das, was wachsen soll. Wenn man zulässt, dass alles gleich wichtig ist, ist bald nichts mehr richtig wichtig. Erwachsen zu werden, als Persönlichkeit zu reifen, hat in hohem Maße damit zu tun, dass man es wagt und schafft, sich zu beschneiden. Niemand kann einem das abnehmen. In manchen Zeiten muss man sich trauen zu sagen, dass der Gesang der Vögel jetzt wichtiger ist als das soziale Tun, dass die Anwesenheit zu Hause Vortritt hat, auch wenn eine andere Person ebenfalls Beistand braucht. In anderen Zeiten muss man auf die innere Mahnung hören und aufbrechen, auch wenn die Umstände nicht ideal sind. Dass man seine Stärken kennt und weiß, welches Ja das eigene Leben bestimmen soll, ist der Wegweiser in diesem Prozess.

Im Vorwort meiner Kolumnensammlung *Det är mycket man inte måste* (*Es gibt viel, was man nicht muss*)[17] habe ich, ausgehend von den Erfahrungen in unserer Familie, auch über das Sortieren gesprochen. Nach dem Tod unserer Söhne gab es eine Zeit, die wie eine einzige große Leere war. Und dann entdeckten wir wieder, was wir eigentlich ja schon wussten: dass die Lebensaufgabe, die unsere geworden war, Sinn hatte.

Ich gehöre zu denen, die überzeugt sind, dass Trauer etwas zeitlich Begrenztes ist, während das Vermissen ein Leben lang anhält. Das Vermissen und die Sehnsucht begleiten uns den Rest unseres Lebens wie ein Familienmitglied, das schweigend anwesend ist. Was dann passierte, hat bis heute Auswirkungen auf unsere »Sortierarbeit«. Solange die Jungen lebten, wurden wir immer gebraucht. Unsere Situation glich der anderer Familien mit kleinen Kindern, mit dem Unterschied, dass diese Zeit ihr ganzes Leben sein würde und nicht nur ein Lebensabschnitt und dass alles immer schwieriger wurde.

Als wir zurückschauten, sahen wir, dass wir in vieler Hinsicht unfrei gewesen waren, dass uns unsere Situation aber auch erlaubt hatte, viel Zeit miteinander und zu Hause zu verbringen. Wir begriffen, dass die Begrenzung keinesfalls nur von Übel gewesen war, im Gegenteil: Sie hatte uns geholfen, das Leben zu führen, das wir führen wollten und das wir liebten. Was unser Leben ausmachte, hatte uns die Kraft gegeben, aus dem auszuwählen, was sonst noch an uns herangetragen wurde.

Die Zeit nach dem Tod der Jungen war dagegen davon geprägt, dass wir mit der neugewonnenen Freiheit klarkommen mussten. Wir konnten jetzt verreisen, wohin wir wollten. Gemeinsam mit anderen konnten wir Dinge unternehmen, die vorher unmöglich gewesen waren. Wir verspürten wieder Lust, an allem Möglichen teilzunehmen, und warfen uns voll hinein. Alles in einem verrückten Tempo. Bis zu dem Abend, an dem wir mit unseren Kalendern in der Hand nebeneinandersaßen, um einen Termin zu finden, an dem wir mit guten Freunden essen wollten. Wir blätterten und blätterten, bis wir endlich eine Lücke gefunden hatten, wo es uns beiden passte. Dann legten wir unsere Kalender auf den Tisch, schauten uns in die Augen und fragten uns: Ist das eigentlich das Leben, das wir wollen? Als wir überlegten, wie es so weit hatte kommen können, erkannten wir das Muster: Das Fehlen einer Beeinträchtigung war zu dem geworden, was uns am meisten beeinträchtigte.

Als wir überlegten, wie es so weit hatte kommen können, erkannten wir das Muster: Das Fehlen einer Beeinträchtigung war zu dem geworden, was uns am meisten beeinträchtigte.

Dieser Abend führte zu einer Veränderung unseres Lebensstils, die ich später in dem Buch *Det händar när du vilar* (*Warum Ruhe unsere Rettung ist. Stell dir vor, du tust nichts und die Welt dreht sich weiter*)[18] beschrieben habe: Ein Tag in der Woche sollte anders sein als die anderen. Sich reinhängen und abhängen – und zwischen beidem eine klare Grenze ziehen. Wir haben selten so viel gearbeitet wie jetzt, aber wir retten unseren Ruhetag, und der rettet uns. Er ist das beste Beispiel aus meinem und unserem Leben, um zu verdeutlichen, was das Sortieren vermag.

Es gibt Zeiten in unserem Leben, da ist uns das vollkommen klar. Ich gehe in unserem Krankenhaus in Göteborg ein und aus. Nicht selten werde ich gerufen, um noch einige Worte mit einem Menschen zu sprechen, dessen Leben an sein Ende kommt. Worüber wir dann leise sprechen, bleibt unter uns, aber eines ist immer deutlich: Alle Selbstsicherheit ist verschwunden, es wird kein dummes Zeug geredet, niemand spricht über die Thailandreise, zu der es nicht mehr kam, oder dass man noch eine neue Küche anschaffen wollte. Es gibt nur ein Thema: die Beziehung zu den Menschen, die man liebt.

Ich frage mich: Warum ist es so schwer, diese Beschränkung auf das Wesentliche schon in dem Leben, das ich heute führe, zur Wirkung kommen zu lassen? Kann ich mich nicht entscheiden, dem, was wirklich wichtig ist, jetzt schon Platz zu geben?

Vor ein paar Jahren erschien Bronnie Wares Buch *Fünf Dinge, die Sterbende am meisten bereuen*. Die Geschichte hinter dem Buch: Die Songschreiberin und Krankenschwester begann einen Blog zu schreiben, in dem sie sich mit drei Themen befasste: Reisen, natürliches Leben (oder das, was sie dafür hielt) und ungewöhnliche Beutelratten. Nur wenige Menschen folgten ihrem Blog – bis sie ein viertes Thema anschnitt. Während der acht Jahre, die sie auf einer Palliativstation arbeitete, hatte sie täglich mit Sterbenden gesprochen. Dabei war ihr eine erstaunliche Übereinstimmung aufgefallen: In allen Gesprächen ging es um dieselben Dinge. Schließlich entschloss sie sich, eine Liste der immer wiederkehrenden Themen aufzustellen. Unter der Überschrift *Regrets of the Dying* (*Was Sterbende bedauern*) führte sie in ihrem Blog die fünf häufigsten Gründe für Reue auf. Im Vorwort des Buchs schreibt Ware, wie der Blog plötzlich »zu fliegen begann«. Schon bald hatten acht Millionen Menschen ihren kurzen Text gelesen. 167 Worte, nicht mehr und nicht weniger.

Und so sieht ihre Liste aus:

1. *Ich wünschte, ich hätte den Mut gehabt, mein Leben nach meinen Vorstellungen zu leben und nicht nach den Vorstellungen anderer.*
2. *Ich wünschte, ich hätte nicht so viel gearbeitet.*
3. *Ich wünschte, ich hätte den Mut gehabt, meine Gefühle auszudrücken.*
4. *Ich wünschte, ich hätte den Kontakt zu meinen Freunden gepflegt.*
5. *Ich wünschte, ich hätte mir erlaubt, glücklicher zu sein.*

Das ist alles so selbstverständlich, so nackt, so einfach, so offensichtlich. Aber man kann es sogar noch einfacher sagen, denn ich sehe hinter den fünf Punkten eine Gemeinsamkeit: das fehlende Sortieren und einen zu kurzsichtigen Blick.

Ich glaube nicht, dass man an jedem Tag über das Ende des Lebens und den sicheren Tod nachdenken sollte. Aber sich immer wieder mal klarzumachen, dass man das Wichtigste nicht mit dem Satz »Da denken wir irgendwann mal drüber nach« wegwischen sollte, das ist der Mühe wert. Bronnie Wares Liste kann einem dabei helfen. Das »irgendwann mal« kommt ja nicht von allein, man muss es in den Terminkalender hineindrücken. Das Motto »Wenn etwas gut läuft – mach viel davon. Wenn etwas schlecht läuft – mach weniger davon« passt auch hier. Nein sagen ist ein eher kraftloser Akt. Aber in die Richtung gehen, die die Sehnsucht weist, in die Ja-Richtung, das spendet Energie.

Zurück zur Sonnenblume. Sie hat nämlich eine weitere Eigenschaft, von der hier noch nicht die Rede war und die sie zum perfekten Symbol für ein kreatives Umfeld macht, in dem Menschen wachsen und gedeihen: Sie absorbiert Gift. Wegen dieser Fähigkeit sind nach dem Reaktorunglück, das am 11. März 2011 auf den verheerenden Tsunami im japanischen Fukushima folgte, Millionen von Sonnenblumen gepflanzt worden. Eng verbunden mit der Frage nach den Voraussetzungen ist die Frage des Umfelds, und zwar des inneren wie des äußeren. Ein Mensch, der seinen Platz gefunden hat, hat weder Zeit noch Lust, sich Negativem zu widmen, mehr noch: Um ihn herum entsteht eine Atmosphäre, die »Gift verschluckt«. Er wird zu einer Art Umwelt-Wundertäter.

In dem Winter, in dem ich zur Gemeindearbeit zurück kehrte, stand ich eines Morgens angelehnt an die kalte Außentüre der Åh-Stiftung am Rande von Ljungskile, wo ich an einem ökumenischen Treffen mitwirken sollte. Während die Teilnehmer an uns vorbeischlichen, unterhielt ich mich mit einem von Schwedens engagiertesten Umweltaktivisten, Stefan Edman. Stefan hatte von meinem »Comeback« in die Gemeinde gelesen und fragte mich nach meinen Aufgaben. Ich erzählte ihm, dass ich in etwa dieselben Aufgaben hätte wie er: auf die richtigen Umweltbedingungen in meiner Gemeinde zu achten. Das Wort Atmosphäre stehe sogar in meiner Arbeitsplatzbeschreibung, und ich überlegte mir gerade, ob ich es zum Thema meiner Antrittspredigt machen solle.

»Wenn du zum Thema Atmosphäre sprechen müsstet – was würdest du da sagen?«, fragte ich ihn.

Stefan war wie angeknipst. Das war sein Thema, das rührte an das Ja seines Lebens!

»Wenn ich du wäre«, sagte er, »würde ich den Leuten erzählen, dass wir, während wir uns in der Kirche befinden, zugleich auf der Reise durch unsere Heimat im Weltall sind, der Milchstraße. Wir reisen mit dem winzig kleinen Planeten Erde mit dreißig Kilometern in der Sekunde auf unserer Bahn um die Sonne, eine Sonne, die sich ebenfalls bewegt, und zwar um das Zentrum der Milchstraße, mit einer Geschwindigkeit von etwa 240 Kilometern in der Sekunde. Eine schwindelerregende Fahrt. Ich würde auch erzählen, dass die Welt sich in einer kleinen Zone rund um die Sonne bewegt, deren Atmosphäre Leben möglich macht, einer Art Überlebensspalt. Wenn die Erdbahn ein klein wenig näher an der Sonne verliefe, wäre die Erde schon verbrannt. Wenn sie ein bisschen weiter draußen in der Milchstraße verliefe, würde die Kälte kein Leben zulassen.«

Stefan referierte immer weiter und ich sammelte fleißig Material für eine der wichtigsten Predigten, die ich in meinem Leben gehalten habe. All unsere Lebensmöglichkeiten sind auch eine Frage der Atmosphäre.

Als Synonyme für Atmosphäre finde ich Raum, Luft, Geist, Klima, Stimmung. Das Wort selbst setzt sich aus zwei Wörtern zusammen: *atmos* bedeutet Dampf, Dunst, Hauch, und *sfära* bedeutet Kugel. Wenn wir, auf den Menschen bezogen, *atmos* für das Geistige und Geistliche stehen lassen und *sfära* für die Umwelt, die wir gemeinsam bilden, bringt uns das weiter: Eine gute Atmosphäre schafft man nicht durch Nettigkeit, sie wird von dem bestimmt, wie wir denken und wie wir einander sehen.

An dem Sonntag, der folgte, predigte ich über dieses Thema, und seitdem habe ich es immer wieder getan, wobei ich jetzt etwas weiß, dass ich damals noch nicht wusste, dass nämlich ein Mensch, der am richtigen Platz ist, die Atmosphäre verändert und »Gift« absorbiert.

Mein Vater war ein Mensch, der das verstanden hatte. Neben seiner Frau, den Kindern, der Arbeit und der Gemeinde hatte er eigentlich nur ein Interesse: das Angeln. Einer der Sätze, die für mich eng mit seiner Person verknüpft sind und die er uns zu beherzigen lehrte, obwohl er sie nie wörtlich so sagte, heißt: »Wenn es atmosphärische Störungen gibt, bleibt das Anglerglück aus.« Mein Vater hatte einige Angelplätze, an die er immer wieder ging, darunter einen an seinem Lieblingssee Grössjön. Sein ganzes Leben lang behauptete er, dass es in diesem tiefen und kalten See richtig große Seeforellen gebe. Aber er fing nie eine.

Manchmal kam er mit ein paar schönen kleinen Forellen nach Hause, mal mit einem prächtigen Barsch, der größte wog sogar fast anderthalb Kilo, was für den Fang eines Sportfischers wirklich viel ist, aber nie war es die große Seeforelle, von der er doch wusste, dass sie sich in der Tiefe versteckte.

Oft begleiteten mein Bruder und ich meinen Vater, und dabei lernten wir ein paar Besonderheiten, was seine Angeltechnik anging. Was nie fehlen durfte, war zum Beispiel der Radiotest, und der funktionierte so: Auf dem Weg zum See in unserem Volvo 142 drehte mein Vater am Autoradio den Sendeknopf so, dass er zwischen P1 und P2 stehen blieb, danach drehte er den Laustärkeregler hoch. Während das Auto über die rutschigen Schotterwege durch die hügelige Landschaft fuhr, hörten wir auf das Rauschen im Radio. Genauer gesagt, achteten wir auf Abweichungen im gleichmäßigen Rauschen zwischen den Sendern, auf das, was mein Vater »atmosphärische Störungen« nannte. Auf Knacksen, Knistern oder einen Sprachfetzen, lauter Hinweise darauf, dass ein Gewitter in der Luft lag. Wenn ein Gewitter im Anzug war, konnten wir gleich umkehren und nach Hause fahren, denn dann würde kein Fisch anbeißen.

Wir Jungs waren deshalb immer ein bisschen nervös, wenn der Radiotest gemacht wurde. Es wäre ja schrecklich traurig gewesen, umkehren zu müssen, jetzt, wo wir doch schon in aller Herrgottsfrühe aufgestanden waren und unsere »Kanadahosen« angezogen hatten, die warmen mit den vielen Taschen, die für einen richtigen Fischer, davon war mein Vater überzeugt, unentbehrlich waren.

Der Radiotest war unwissenschaftlich, aber gar nicht so dumm. Man musste allerdings ein hochentwickeltes Radio-Ohr besitzen, um in dem allgemeinen Rauschen die spezifischen Unruhesignale auszumachen. Mein Vater war überzeugt, nach vielen Jahren in der Branche diese Fertigkeit entwickelt zu haben.

Im Rückblick ist es nicht schwer zu erkennen, wie skurril das Ganze war: Drei lange, magere Gestalten sitzen in einem türkisfarbenen Volvo 142 und lauschen auf ein Rauschen. Und dennoch sagt die Erinnerung an diese Szene mir heute etwas zum Thema: »Ein Umfeld finden, in dem man wachsen kann«. Es lässt sich in einem einzigen Satz zusammenfassen: »Wenn es atmosphärische Störungen gibt, bleibt das Anglerglück aus.« Ich sage ganz bewusst »Anglerglück« und nicht »der große Fang«. Es geht um das Glück, dabei zu sein und die Freude zu erleben. Es ist die Atmosphäre des Umfelds, die es möglich oder unmöglich macht, seinen Beitrag zu geben. Unsere Seele macht den Radiotest. Dass man unter dem, was man nicht weiß und kennt, gar nicht leiden kann, ist übrigens eine falsche Annahme, denn die Seele spürt, was andere denken und flüstern.

Man kommt sehr weit, wenn man um zwei Haltungen ringt und sie sich mehr und mehr zu eigen macht: *Vertrauen* und *Nachsicht*. Beide haben mit dem Blick zu tun. Vertrauen heißt, einen Menschen niemals negativ von außen zu beurteilen, immer das Beste von ihm anzunehmen, davon auszugehen, dass ihn gute Beweggründe leiten, dass er überhaupt das Gute will und das Äußerste tut für den Gott, der ihn geschaffen hat. Nachsicht bedeutet nicht, dass man Dinge beschönigt oder sich feige um Negatives herumdrückt, es geht vielmehr darum, was man beim anderen wahrnehmen will, und – genauso wichtig: womit man sich nicht aufhalten und was man nicht noch vergrößern will. Nachsicht heißt, nicht auf die Schwachheiten und Defizite zu sehen, sondern die Stärken und die guten Absichten in den Blick zu nehmen. Seine Tage mit jemandem verbringen zu dürfen, der einen nicht niedermacht, wenn man zu müde ist, um freundlich zu sein, der unbeirrt und unverzagt an den Menschen glaubt, der sich trotz allem Mühe gibt, ist ein großes Geschenk.

Als Stanley Jones in Indien Aschrams gründete, in denen Menschen aus völlig unterschiedlichen Kulturen aufeinandertrafen, einigte man sich in einer Grundsatzerklärung darauf, von aller »stillen Kritik« abzusehen, damit jeder sich wirklich angenommen fühlen könne. Wenn man etwas Kritisches über einen anderen dachte, sollte man darüber ins Gespräch kommen; wenn nichts gesagt wurde, hieß das, alles ist in Ordnung. Dafür musste man einander vertrauen und das Beste voneinander annehmen. Offen über das zu sprechen, was Probleme macht, ist anstrengend, aber es ist der kürzeste Weg, um eine gute Atmosphäre und damit die Voraussetzung für Wachstum und Gedeihen zu schaffen. Reibung ist nicht gefährlich, wenn man klug mit ihr umgeht, denn auch Reibung ist eine Form der Energie.

Man kommt sehr weit, wenn man um zwei Haltungen ringt und sie sich mehr und mehr zu eigen macht: Vertrauen und Nachsicht.

Es beginnt mit einem Ameisenschritt

Nach einem langen Arbeitsleben in einer verantwortungsvollen Leitungsposition im Pflegedienst kam Birgit zu uns. Das erste Jahr im Ruhestand lag hinter ihr und sie sandte uns ein vorsichtiges Signal. Eventuell könnte sie sich vorstellen, bei unseren sozialen Aufgaben mitzumachen. Als wir sie zu einem *Gartengespräch* einluden, erzählte sie als Erstes, wie sehr sie sich, als der Ruhestand nahte, danach gesehnt hatte, endlich einmal in Ruhe und Frieden zu Hause dies und das tun zu können, lauter Dinge, die sie immer auf später verschoben hatte. Wie sehr sie dann die Freiheit genossen hatte, aber dass es nun, nach einem Jahr, auch genug sei. »Ich bin fertig mit Putzen«, fasste sie es zusammen. Jetzt wollte sie etwas Neues beginnen. Heute ist Birgit eine Person, die einen unendlich wichtigen Beitrag leistet, und sie wirkt dabei munter wie der Fisch im Wasser.

Umfragen haben gezeigt, dass eine wachsende Zahl von Menschen, die erst vor Kurzem in den Ruhestand getreten sind, das Wort Ruhestand so verwenden, als ginge es um eine Art Pause, ein Sabbatjahr oder mehrere Sabbatjahre. Danach wünschen sie sich, in ein Arbeitsleben zurückzukehren, allerdings eines, das anders aussehen soll, mit dem Schwerpunkt auf dem, wofür sie wirklich brennen, und mit der Möglichkeit, das einzubringen, was sie in einem langen Arbeitsleben gelernt haben. Diese Menschen fühlen sich alles andere als »verbraucht«, sie spüren lediglich, dass sie eine gewisse Zeit zur Umstellung benötigen, eine Auszeit, nach der sie dann wieder ihren Beitrag leisten können – vielleicht den wichtigsten Beitrag ihres Lebens.

Jim Collins, Autor des Buchs *Good to Great* (Titel der deutschen Ausgabe: *Der Weg zu den Besten*), glaubt, dass die kreativste Zeit unseres Lebens inzwischen in den Jahren zwischen 55 und 75 liegt. Für diese Extra-Zeit zwischen dem Arbeitsleben und dem Alter entstehen gerade neue Bezeichnungen; die schönste ist vielleicht *brittsommar* (zu Deutsch *Birgitta-Sommer*). Eine Legende erzählt, dass die heilige Birgitta das Wetter im Norden so rau und kalt fand, dass sie um Hilfe flehte. Der Altweibersommer rund um ihren Namenstag am 7. Oktober soll die Antwort auf ihre Gebete sein, sagt die Heiligengeschichte.

In der englischsprachigen Welt spricht man vom *Indian Summer*. Angeblich war es G. Stanley Hall, der Mann, der auch die Bezeichnung »Teenager« schuf, der vorschlug, der vorletzten Etappe des Lebens den Namen *Indian Summer* zu geben. Die Herkunft des Begriffs ist unklar; manche meinen, er könne sich auf die Zeit im indischen Herbst beziehen, die auf die Zeit der Monsunwinde folgt, wahrscheinlicher ist aber, dass die amerikanischen Ureinwohner mit diesem Begriff die kurze Zeit im Spätherbst beschrieben, in der die Büffeljagd am aussichtsreichsten war. Eine Bonus-Saison. Auch in einer Reihe von anderen Sprachen gibt es ein Wort für eine zweite warme und sonnige Periode, so etwas wie einen Extra-Sommer.

Ich glaube, es wird Zeit, diese zweite »Wärmeperiode« zu begrüßen, damit zwei Dinge zusammentreffen: die Sehnsucht des Einzelnen nach einem Platz mit einer sinnvollen Aufgabe und der gesellschaftliche Bedarf an Menschen, die sich engagieren. Unsere Zeit bietet dazu Voraussetzungen, die es früher nicht gab.

Der Kolumnist Marc Freedman schrieb im *Wall Street Journal*, der erste Mensch, der 150 Jahre alt werden wird, sei schon geboren. Wenn man sich die Entwicklung der Lebenserwartung ansieht, zumindest in der westlichen Welt, dann kann man das durchaus glauben. Vom Beginn des 20. Jahrhunderts bis heute hat sich die mittlere Lebenserwartung um ungefähr dreißig Jahre erhöht. Laut Freedman lebt ein Mensch, der heute 65 wird, mindestens fünf Jahre länger als ein Mensch, der im Jahr 1950 65 wurde. Wenn diese Bonus-Jahre nicht mit sozialen und spirituellen Inhalten gefüllt würden, so Freedman, sei das eine persönliche und gesellschaftliche Katastrophe, weshalb man die Menschen gut auf diese Jahre vorbereiten müsse, etwas, für das es früher keine Notwendigkeit gab.

Unser gemeinsamer Auftrag erschöpft sich nicht darin, das Leben zu verlängern. Vielmehr geht es vor allem darum, es zu bereichern, nicht gegen das Alter anzukämpfen, sondern die ausstehenden Jahre mit dem zu füllen, was Sinn hat, weiter im Zusammenspiel mit anderen Menschen zu bleiben und erleben zu können, dass das, was man zu geben hat, geschätzt und gebraucht wird.

Vor einigen Jahren las ich das Buch *Halftime* (*Halbzeit*) von Bob Buford, einem amerikanischen Geschäftsmann. Es beeindruckte mich sehr. Leider wird dieses Buch oft so verstanden, als ginge es nur um die Frage, was ein erfolgreicher Businessmann mit der zweiten Hälfte seines Lebens anfangen soll. Ich lese es ganz anders. Es geht um mich und uns alle, die wir merken, dass wir noch viel zu geben haben. Ich träume nicht davon, mir ein Haus in Spanien zu kaufen oder dreimal in der Woche Golf zu spielen. Ich gehöre zu der wachsenden Zahl von Menschen, die sich so auf die Zeit nach ihrem Berufsleben vorbereiten wollen, dass sie zu einem *Indian Summer* wird, statt zu einem langen herbstlichen Warten auf den unvermeidlich eintretenden Winter.

Unser gemeinsamer Auftrag erschöpft sich nicht darin, das Leben zu verlängern. Vielmehr geht es vor allem darum, es zu bereichern, nicht gegen das Alter anzukämpfen, sondern die ausstehenden Jahre mit dem zu füllen, was Sinn hat.

Bob Buford beschreibt, wie er das Medienunternehmen seiner Mutter übernahm, das sich dann unter seiner Leitung zu einem Imperium entwickelte. Schon bald ereilte ihn jedoch das, was er »Erfolgspanik« nennt. Am meisten berührt hat mich der Teil seines Buchs, in dem er erzählt, wie er zu der Einsicht gelangte, dass, wenn er strikt den Erfolgsweg ginge, andere Bereiche seines Lebens einen Preis zahlen müssten: die Familie, die

Freunde, sein »inneres Leben«. Er wagt die Frage: »Was wirst du verlieren, wenn du all das gewinnst?«

Kurz nachdem Buford das Unternehmen übernommen hatte, kaufte er sich einen Kollegblock, nahm sich ein paar Tage frei und fuhr an einen anderen Ort, »um mich selbst und meinen Karriereweg einmal ganz ernst und in die Tiefe gehend auszuloten, als Grundlage für eventuell notwendige Kursänderungen«. Es ging ihm nicht nur darum zu wissen, was er erreichen wollte, sondern auch darum zu erfahren, wer er sein wollte. In der Einsamkeit dieser Tage formulierte er sechs Lebensziele.

Meiner Erfahrung nach machen nur sehr wenige von uns solche Reisen zur Auswertung und Neuorientierung. Aber auch im ganz normalen Alltag können wir uns gegenseitig unterstützen, damit tiefer gehende Gespräche möglich werden. Das hört sich sehr anspruchsvoll an, muss es aber nicht sein. Es kann sogar richtig Spaß machen! Viele von uns müssten nur ein bisschen mutiger werden, was Gespräche über Sinn und Ziele angeht, vielleicht auch einander dabei helfen, Dinge schriftlich festzuhalten. Der Ausgangspunkt solcher Gespräche muss nicht komplizierter sein als die drei Fragen, die wir in unseren *Gartengesprächen* stellen: Was willst du? Was hast du? Wie willst du es tun?

Man sollte jedoch klarstellen: Auch dem, der sich um nichts in der Welt im Herbst seines Lebens solchen Fragen stellen will, müssen wir mit Respekt begegnen. So jemand erinnert mich allerdings an den frisch pensionierten Herrn, von dem ich neulich las und der sagte: »Ich habe Benzin im Tank, aber ich weiß gar nicht, wo ich hinfahren soll.«

Wenn man weiß, wohin man will, geht es nur noch darum, loszugehen, sich in Bewegung zu setzen und darauf zu vertrauen, dass die Kräfte, die man auf dem langen Weg und angesichts der großen Aufgaben brauchen wird, einem unterwegs geschenkt werden. Energie ist Kraft in Bewegung. Entscheidend ist die Richtung, nicht die Zahl der Kilometer oder das Tempo. Ein Ameisenschritt reicht, wenn man in die Richtung seiner Sehnsucht aufbricht. Aber aufbrechen muss man.

Ein Ameisenschritt reicht, wenn man in die Richtung seiner Sehnsucht aufbricht. Aber aufbrechen muss man.

Es geschah immer kurz nach dem Zubettgehen. Wir hatten geschummelt und getrickst, um noch ein bisschen länger aufbleiben zu dürfen, beim Bitten und Betteln unser gesamtes Arsenal aufgefahren, nur um ein bisschen mehr Zeit herauszuschinden. Bis mein Vater genug hatte und mit nun strengerer Stimme sagte: »Jetzt geht endlich schlafen!« Dann wussten wir, dass nichts mehr zu machen war. Einen letzten Trick, um das Zubettgehen hinauszuzögern, hatten wir aber noch auf Lager: den Ameisenschritt. Der funktionierte immer. Es ging darum, so winzige Schritte wie möglich zu machen, damit der Weg zum Bett eine Ewigkeit dauerte. Wir setzen einen Fuß vor den anderen, machten aber immer nur wenige Zentimeter Fortschritte. So gewannen wir noch ein bisschen wache Zeit und taten doch, was wir tun sollten. Wenn unser Vater dann nach einer Weile die Treppe zu unserem Zimmer heraufkam und rief: »Ich hab doch gesagt, ihr sollt ins Bett gehen!«, antworteten wir unisono: »Wir sind auf dem Weg!« Was wir ja auch waren. Mit Ameisenschritten.

Ich glaube, ich habe fast fünfzig Jahre nicht mehr an diese Zubettgehszene gedacht. Und dann fiel sie mir wieder ein – an dem Tag, an dem ich bei der Lebensmittelausgabe mitten im Strom von Hilfesuchenden und Freiwilligen stand, bedrängt von dem Gefühl, dass wir das alles bald nicht mehr bewältigen würden und aufgeben müssten. Mein Glaube wankte, die Herausforderung war einfach zu groß, für uns wie auch für alle anderen, die sich in unserer Stadt engagierten.

Genau da tauchte das Bild der Ameisenschritte vor mir auf. Und ich hörte mich selbst zu anderen sagen, dass wir Glauben wagen müssten und trotz allem doch vorankämen.

Im Radio habe ich jemanden aus dem Talmud zitieren hören, der jüdischen Schriftsammlung:

> *»Lass dich von der großen Sorge der Welt nicht niederdrücken. Tue das Rechte, sei barmherzig, gehe deinen Weg demütig. Zwar ist es nicht deine Sache, die Arbeit zu vollenden, doch darfst du dich ihrer auch nicht einfach entledigen.«*

Man muss kein Schwarzmaler sein, um festzustellen, dass es in der Welt dunkler wird. Die Gewalt eskaliert, die Not rückt uns näher, die Schlagwörter werden immer hohler. Ein Bekannter von mir traute sich nicht, von seinem nordschwedischen Dorf nach Stockholm zu fahren, wie er es geplant hatte. Aus Angst vor Terroristen blieb er zu Hause. In derselben Nacht verhaftete die Polizei einen mutmaßlichen Terroristen in einer Firma auf dem Land. Man kann sich nicht schützen.

Wenn Gewalt und Bosheit allzu zudringlich werden, neigen wir dazu, uns abzuschotten, uns in unserer eigenen privaten Welt zu verschanzen und zu hoffen, dass das alles einfach vorübergeht. Diese Haltung »harkt die Manege« für die Bösen, wie wir auf Schwedisch sagen. Natürlich gibt es kein Wundermittel, das die Welt über Nacht zum Guten verwandelt. Aber eine Möglichkeit bleibt, und gegen die kann niemand etwas unternehmen: die Ameisenschritt-Revolution, bei der Millionen Menschen sich ganz langsam, aber unbeirrbar in Richtung jener Welt bewegen, von der sie träumen. Auch wenn sich auf den ersten Blick nichts zu verändern scheint, so verändern doch wir selbst uns mit jedem Schritt. Das ist ein Naturgesetz, an dem auch das Böse in der Welt nichts ändern kann: Wenn du in Richtung deiner Sehnsucht unterwegs bist, dann wächst etwas.

Wenn man genau hinhört, kann man das dumpfe Stapfen von Millionen und Abermillionen Füßen hören, die sich mit kleinen Schritten in dieselbe Richtung bewegen. Von Menschen, die ihr Haus öffnen, von ihrem Geld abgeben, ihre Zeit mit anderen teilen.

Wenn man genau hinhört, kann man das dumpfe Stapfen von Millionen und Abermillionen Füßen hören, die sich mit kleinen Schritten in dieselbe Richtung bewegen. Von Menschen, die ihr Haus öffnen, von ihrem Geld abgeben, ihre Zeit mit anderen teilen und gute Geschichten weitererzählen statt der Geschichten, die uns niederdrücken.

Der Weg kann einem lang erscheinen, aber auch lange Wege beginnen mit dem ersten Schritt auf das Ziel zu. Während ich darüber nachdenke, sehe ich auf ein Sonnenblumenfeld vor mir, goldgelb leuchtet es vor meinem inneren Auge. Ich werde nicht zulassen, dass dieses Bild ausradiert wird. So ein Sonnenblumenfeld ist keine Illusion; ich weiß das aus meiner eigenen Lebensgeschichte, in der ein schuldbeladener und unsicherer 18-Jähriger von einem besonderen Blick getroffen wurde, und von den Lebensgeschichten so vieler anderer Menschen, bei denen ich in den letzten Jahren sehen dufte, wie sie – wirklich und endlich – ihren Platz fanden und schon nach relativ kurzer Zeit zu blühen begannen, und das auf eine Weise, wie ich sie wohl nie zuvor erlebt habe.

Mein Platz an Gottes Herzen

Morgendämmerung an dem Ort, den ich seit dreißig Jahren mein Zuhause nenne. Der frühe Morgen ist meine Zeit. Das meiste, was ich im Laufe der Jahre geschrieben habe, ist vor dem Frühstück entstanden. Ich sitze auf meinen Platz in der linken Ecke der großen Küchenbank; um diese Uhrzeit bin ich hier fast immer allein. Vor dem Fenster hüpft ein Rotkehlchen flink zwischen dem Rasen und den niedrigen Büschen hin und her. Ein Rotkehlchen, der Vogel, dessen rote Brust wie ein Auftrag ist: Nach Selma Lagerlöfs *Christuslegende* konnte das Rotkehlchen es nicht ertragen, Christus am Kreuz leiden zu sehen, flog zu ihm hinauf und befreite ihn von einer Dorne in seiner Stirn. So kam es zur roten Färbung seiner Brust.

Vom Morgenritual eines Mahatma Gandhi bin ich Meilen entfernt. Der stand jeden Morgen um zwei Uhr auf und las seine Gebete. In den stillen Stunden, die dann folgten, beantwortete er Briefe und ging danach zu den rituellen Waschungen über. Anschließend war er bereit, all den

Menschen zu begegnen, die seine Zeit und Aufmerksamkeit beanspruchten.

Man kann das belächeln, man kann sich aber auch fragen, ob die Bedeutung, die Gandhi für andere Menschen hatte, in einem Zusammenhang steht mit seiner Art, den Tag zu beginnen, oder – in einer erweiterten Perspektive – mit dem, wie er allem begegnete, was das Leben für ihn bereithielt.

Vor einigen Jahren bekam ich zum Geburtstag eine Laufuhr mit GPS geschenkt, ein Spielzeug, das meinen Spaß an der Bewegung augenblicklich vergrößerte. Aber die Uhr funktioniert nicht ohne Weiteres. Bevor man zu laufen beginnt, kann es einen Moment dauern, bis sie mit dem Satelliten Kontakt aufgenommen hat; so lange steht auf dem Display »Standortsuche«. Manchmal geht die Suche schnell, an anderen Tagen dauert sie minutenlang. Anfangs habe ich mich über diese Wartezeit geärgert, aber dann habe ich mich entschlossen, sie als Erinnerung zu verstehen: Um Kalibrieren und Standortsuche geht es ja auch in vielen anderen Lebensbereichen, und es ist nicht dumm, vor dem Starten seine Position zu finden, egal, worum es geht, ob um ein heikles Gespräch, eine anstrengende Sitzung, einen langen Arbeitstag oder so große Fragen wie die nach der Berufung und dem eigenen Weg. Immer ist es gut zu wissen, wo man ist, bevor man loslegt.

Wie finde ich meinen Platz im Leben, den Platz, der die Voraussetzungen bietet, damit ich mein volles Potenzial entwickeln kann? Ich kehre zu dem Foto zurück, das inzwischen mehr als fünfzig Jahre alt ist und auf dem ich als Vierjähriger mit meiner Sonntagsschulklasse zu sehen bin. Hier erkenne ich den wichtigsten Anhaltspunkt für meine Suche nach einer Position: Ich sitze dort und finde meine Sicherheit darin, dass ich den Daumen im Mund habe und mit der anderen Hand mein Ohrläppchen festhalte. Meine Arme sind überkreuzt, sie bilden das Zeichen des Kreuzes.

Meine Entdeckungsreise begann mit der Eingebung, die Zweifel des Apostels Thomas zu erforschen. Jetzt, am Ende meiner Reise, weiß ich, dass sein Glaube für mich die größte Entdeckung war. Und der Mut, der aus diesem Glauben erwuchs. Ich kann mir jederzeit die erstaunten Blicke der beiden gelehrten Männer vor Augen rufen, die am traditionsreichen Seminar von Kottayam über Thomas und die Thomaschristen promoviert haben. Ich hatte sie gefragt, ob Thomas der Zweifler überhaupt als Vorbild tauge. Was für ein Zweifler? Die beiden guckten mich verständnislos an. Mir war augenblicklich klar, dass meine Frage mehr über mich als über Thomas und meine Gesprächspartner verriet. Der Perspektivwechsel in Indien machte mir geradezu überdeutlich, wie stark ich »eingefärbt« bin von dem, was ich gewohnt bin, und wie umwälzend und erfrischend es sein kann, Menschen mit tiefer geistlicher Einsicht und scharfem Intellekt von Thomas und dem Glauben an Jesus sprechen zu hören – aus einer ganz anderen als der westlich-kritischen Sicht.

Ich gehöre nicht zu denen, die glauben, es sei gut, die dunklen Erfahrungen, das Schwarze und den Kampf zu verstecken und stattdessen über das Positive zu reden. Ich glaube, dass Aufrichtigkeit eine deutlich stärkere Kraft ist als positives Denken. Bei meinen Brüdern und Schwestern in Indien begegnete ich einem Stolz auf ihren Glauben, der mich tief beeindruckt hat. Ihre Betonung des Glaubens heißt nicht, dass sie vor dem Zweifel die Augen verschließen, eher geht es um eine Wahl: Was will ich ins Licht setzen? Ihr Stolz ist etwas anderes als ein bombensicheres Überzeugtsein von der eigenen Position. Sie wissen genau wie wir, dass es keinen Glauben gibt, der nicht durch Zeiten des Zweifels geht. Der Unterschied ist, und das lernte ich dort: Man kann nicht vom Zweifel leben. Aber man kann vom Glauben leben. Zweifel ist wichtig, aber der Glaube ist eine Lebenskraft.

Man kann nicht vom Zweifel leben. Aber man kann vom Glauben leben. Zweifel ist wichtig, aber der Glaube ist eine Lebenskraft.

Auch der unsichere und suchende Glaube verdient Respekt. Das sehen wir bei Jesus, der sagte, dass jemand, dessen Glaube nur so groß ist wie ein Senfkorn, mit diesem Quäntchen Glauben einen Berg versetzen kann. Dennoch: Der Glaube kann mit den Jahren tiefer und gefestigter werden, auch das sagt das Gleichnis vom Senfkorn. Er kann zu einem Baum werden, einem Baum, der Schatten spendet und Schutz bietet.

Je mehr ich darüber nachdenke, desto deutlicher wird mir, dass dieser ganz langsam wachsende Glaube das gewesen sein muss, was Thomas den Mut gab, über die Meere zu reisen, Mutter Teresa ermöglichte, der »Stift in

Gottes Hand« zu sein, der in Kalkutta Geschichte schrieb, und Stanley Jones fähig machte, allen – ausnahmslos allen – Menschen mit einem Ja zu begegnen. Der Glaube war in ihrem Leben der Ort, an dem die Welt sich ihnen öffnete.

Der weitsichtige Jones verortete sich selbst, als er schrieb:

> *»Ich hatte einen Punkt in meinem Universum, der mir gewiss war, einen Platz, an dem ich absolut sicher sein konnte – Christus. Lass das Leben gehen, wie es will, es kann doch nicht Das Leben in den Abgrund stürzen.«*

Keiner von denen, deren Spur ich gefolgt bin, hatte einen leichten Weg. Ein Traum trieb sie an, und was sie taten, hatte immer einen Preis und setzte sie Risiken aus. In ihrem Ausgesetztsein waren sie auf einen Ort angewiesen, zu dem sie zurückkommen, und etwas, auf das sie sich ausrichten konnten. Ein Du. Ein Gesicht. Ein Name. Da reichte die Welt nicht aus, so groß und reich sie auch ist. Man muss das Suchgebiet eingrenzen.

Aber ist es nicht mit der Liebe genauso – dass sie sich nicht gleichzeitig überallhin ausrichten kann, dass es auch bei ihr um Eingrenzung geht? Und dass diese Eingrenzung der Liebe nicht die Luft abschnürt, sondern sie weitet? Ohne Eingrenzung buchstabiert sich Liebe schon bald wie Verzweiflung.

Auf der Erde leben siebeneinhalb Milliarden Menschen. Und gerade in diesem Moment wird ein neuer kleiner Mensch geboren. Er muss sich zu den siebeneinhalb Milliarden anderen verhalten. Im Gewimmel der Menschenmasse sucht das Neugeborene einen Blick, den Blick der Mutter, des Vaters oder der Pflegerin im Kinderheim, später den Blick eines Partners oder einer nahen Freundin. Angeblickt zu werden, gesehen zu werden ist überlebenswichtig. Im Blick wohnt die Liebe einer ganzen Welt. Solch einem Blick sind Thomas, Stanley Jones und Mutter Teresa begegnet, davon bin ich überzeugt. Und ich weiß, dass es der Blick ist, dem auch ich als junger Mann begegnet bin.

An dieser Stelle kommt meine Laufuhr wieder ins Spiel. Bevor ich loslaufe, bevor ich bereit bin, der Welt zu begegnen, muss ich meinen Standort finden. Das erste Buch von Stanley Jones, das ich las, hatte ich in einer Buchhandlung bei einer Versteigerung erworben. Da war ich etwa zwanzig Jahre alt. Was in meinem Kopf hängen blieb, war vor allem eine Szene: wie Stanley Jones jeden Morgen vor seinem Haus in Lakhnau in Nordindien saß und, bevor der Tag zu heiß wurde und zu viele Menschen etwas von ihm wollten, dort eine stille Stunde verbrachte, um seinen inneren Kompass zu kalibrieren.

Jetzt, nachdem ich mich ein ganzes Jahr mit Jones' Gedankenwelt befasst habe, verstehe ich, dass diese Gewohnheit ein wichtiger Teil seines Geheimnisses war. Jones hatte beschrieben, wie er in seinem *seed moment* seinen Platz gefunden hatte, aber er suchte weiterhin nach ihm, sein ganzes Leben lang. Ein Platz, unabhängig von Lob und Tadel, von Bestätigung oder ausbleibender Bestätigung. Ein Platz an Gottes Herzen.

Die Worte von Jean Améry, von dem im ersten Teil

dieses Buchs die Rede war, bekommen so eine weitere Bedeutung: Heimatlos zu sein bedeutet, keinen festen Boden unter den Füßen zu haben. Es bedeutet, dass einem ein Platz fehlt, an dem man sich verständlich machen kann, ohne viel sagen zu müssen, und an dem man gesehen wird, ohne sich ständig bemerkbar machen zu müssen. Es heißt, dass einem der Zusammenhang fehlt, in dem das, was man ist und was man tut, etwas bedeutet – ungeachtet dessen, was man ist und tut.

Sollte es so einfach sein? Kann man tatsächlich sagen: Dieser Platz ist Gott? Ist Gott also gleichbedeutend mit Heimat? Gott als meine wahre Identität, weshalb ich gar nicht angestrengt nach ihr suchen muss?

Wenn man weiß, wer man ist, muss man nicht versuchen, jemand zu sein. Wer seinen Platz gefunden hat, muss nicht mit anderen um den Platz kämpfen.

Wenn man weiß, wer man ist, muss man nicht versuchen, jemand zu sein. Wer seinen Platz gefunden hat, muss nicht mit anderen um den Platz kämpfen. Aber sollte es so simpel sein, dass man sich selbst findet, wenn man Gott findet? Mein Kollege Urban Ringbäck hat es in einem seiner Lieder so ausgedrückt: »Der Glaube, den du in dir trägst, ist das Geheimnis deines Lebens. Darum gib Acht auf das Samenkorn des Segens.«

Entscheidend ist nicht, ob der Glaube klein oder groß ist. Entscheidend ist, ob das Samenkorn auf das richtige Stück Land fällt. Wenn das geschieht, ist alles andere zweitrangig. »Gebt mir einen festen Punkt, und ich werde die Welt aus den Angeln heben«, sagte Archimedes schon im dritten Jahrhundert vor Christus.

Genau hier erwacht und lebt die Hoffnung, die zu groß ist für diese Welt. In einem unserer schönsten Sommerlieder, *En vänlig grönskas rika dräkt*, wird das Himmelreich beschrieben (*Anm. der Übers.: Ein freundlich grünes, reiches Kleid* hat in der schwedischen Kirche etwa den Stellenwert des *Geh aus mein Herz und suche Freud* von Paul Gerhardt, deshalb ist dieses weiter unten dem schwedischen Lied gegenübergestellt.). Sterben heißt nicht Verschwinden. Sterben heißt, in eine Welt unbegrenzter Möglichkeiten verpflanzt zu werden.

In meinen Büchern habe ich oft über das Himmelreich geschrieben, und ich sehe jetzt, wie sich die Bilder, die ich verwende, verändert haben, genau wie sich mein Leben verändert hat. Heute liegen mir die Bilder des Sommerliedes am nächsten: All das Unverstandene, das Verbogene und in seiner Entwicklung Unterdrückte wird eines Tages umgewandelt werden, wie eine Blume, die zur vollen Blüte gelangt, nämlich in jener Welt, in der der Mensch nicht seine Identität verlieren, sondern zu dem werden wird, der er sein wollte. Nichts fehlt ihm mehr, um zu blühen und zu gedeihen. Jedes Samenkorn wird sich zu etwas ganz Einzigartigem entwickeln, seine ganz eigene Gestalt bekommen, sagt die Bibel. Auf diesen Gedanken gründe ich meinen Glauben an ein Wiedererkennen im Ewigen Leben. Der auferstandene Mensch ist nicht ein anderer Mensch, er ist immer noch er selbst und deshalb von allen anderen zu unterscheiden. Aber er ist nicht mehr wie eine Blume, die welkt, sondern wie eine, die in eine reiche, fruchtbare Muttererde eingesetzt wurde, eine Erde, in der sie ihr volles Potenzial entwickeln kann, wie es in der letzten Strophe des Sommerliedes heißt:

»Einst wird mich seine Huld und Weisheit
im Paradies dorthin verpflanzen,
wo es kein Welken gibt.«

Paul Gerhardt formuliert es ganz ähnlich:

»Mach in mir deinem Geiste Raum,
dass ich dir werd ein guter Baum,
und lass mich Wurzel treiben.
Verleihe, dass zu deinem Ruhm
ich deines Gartens schöne Blum
und Pflanze möge bleiben,
Erwähle mich zum Paradeis
und lass mich bis zur letzten Reis
an Leib und Seele grünen,
so will ich dir und deiner Ehr
allein und sonsten keinem mehr
hier und dort ewig dienen.«

Ich hocke mich auf den Wiesenplatz, wo alles begann. Vorne links in der ersten Reihe. Mein Platz. Mit dem Daumen im Mund und der anderen Hand am Ohrläppchen. Vielleicht war das mein erstes wortloses Gebet? Das Kreuzzeichen des Kindes. So werde ich weiterhin beten, unter dem Zeichen des Kreuzes Schutz suchen. Dafür ist man nie zu alt. Dem kleinen Tomas und dem erwachsenen Tomas und allen Thomassen der Welt flüstere ich zu, nicht laut, aber deutlich: Die Welt wartet auf deine Träume. Mach dich auf! Es kommt ein Wind auf. Zeit, die Segel zu setzen!

Anmerkungen

1 Tomas Sjödin: *Reservkraft*, Cordia, Örebro 2001, nicht auf Deutsch erschienen.

2 Tomas Sjödin: *Ett brustet halleluja*, Cordia, Örebro 2008, nicht auf Deutsch erschienen.

3 Übersetzt aus dem englischen Original:
»He fought his doubts and gather'd strength,
He would not make his judgment blind,
He faced the spectres of the mind
And laid them: thus he came at length
To find a stronger faith his own«

4 Tomas Sjödin: *Tusen olevda leven finns inom mig*, Libris, Örebro 2012, nicht auf Deutsch erschienen.

5 Claude Kayat: *Le Treizième Disciple*, Éditions de Fallois, Paris 2002, nicht auf Deutsch erschienen.

6 Sebastian Näslund: *Ensam med havet*, Natur & Kultur Allmänlitt., Stockholm 2008, nicht auf Deutsch erschienen.

7 Zu Deutsch: »[...] dass es leichter ist, viele tausend Meilen weit durch Schnee und Eis, durch Sturm und Kannibalen [...] zu segeln, als das *eigene* Meer zu erforschen – den Atlantischen oder Stillen Ozean der eigenen Einsamkeit«, aus: Henry David Thoreau: *Walden. Leben in den Wäldern*, übers. von Wilhelm Nobbe, E. Diederich, Jena 1922; Originaltitel: *Walden; or, Life in the Woods*.

8 www.odla.nu

9 Die deutsche Ausgabe erschien unter dem Titel: *Der Christus der indischen Landstraße. Jesu Nachfolge in Indien*, übers. von Paul Gäbler, Furche-Verlag, Berlin 1928.

10 Zum Vergleich: Der Bundesstaat Kerala ist kaum größer als Baden-Württemberg, hat aber dreimal so viele Einwohner.

11 Die deutsche Ausgabe erschien unter dem Titel: *Christus auf der Bergkanzel*, Anker-Verlag, Bremen 1933.

12 Göran Rosenberg: *Ett kort uppehåll på vägen från Auschwitz*, Bonnier, Stockholm 2012. Die deutsche Ausgabe erschien unter dem Titel: *Ein kurzer Aufenthalt auf dem Weg von Auschwitz*, übers. von Jörg Scherzer, Rowohlt Taschenbuch, Reinbek bei Hamburg 2014.

13 Bruce Bugbee: *Som fisken i vattnet: utveckla dina gåvor, din personliga stil och det du är bäst på!*, 2001, Willow Creek Sverige. Die deutsche Ausgabe erschien unter dem Titel: *D.I.E.N.S.T.: dienen im Einklang von Neigungen, Stärkungen und Talenten*, Projektion J, Wiesbden 1996; Originaltitel: *Network: The Right People, in the Right Places, for the Right Reasons, at the Right Time. Understanding God's Design for You in the Church.*

14 Übersetzt aus dem englischen Original: »Make a careful exploration of who you are and the work you have been given, and then sink yourself into that. Don't be impressed with yourself. Don't compare yourself with others. Each of you must take responsibility for doing the creative best you can with your own life.«; nach: Eugene H. Peterson: *The Message: the New Testament in contemporary English*, NavPress, Colorado Springs 1993; unter: http://www.biblestudytools.com/msg/galatians/6.html (zuletzt aufgerufen am 4.5.2017).

15 William Johnston: *Being in Love. A Practical Guide to Christian Prayer*, Fordham University Press, New York 1999; nicht auf Deutsch erschienen.

16 Eli Stanley Jones: *Along the Indian Road*, Hodder and Stoughton, London 1939; nicht auf Deutsch erschienen.

17 Tomas Sjödin: *Det är mycket man inte måste*, Libris, Örebro 2015, nicht auf Deutsch erschienen.

18 Tomas Sjödin: *Det händar när du vilar*, Libris, Örebro 2013. Die deutsche Ausgabe erschien unter dem Titel: *Warum Ruhe unsere Rettung ist. Stell dir vor, du tust nichts und die Welt dreht sich weiter*, übers. von Hanna Schott, SCM-Verlag, Witten 2016.

Tomas Sjödin, Martin Falk (Sprecher)

Still – Warum Ruhe unsere Rettung ist

Hörbuch-MP3

Das Hörbuch zum Bestseller von Thomas Sjödin.
Gelesen von Martin Falk.

CD – Nr. 978-3-7751-5778-0

SCM
Hänssler

Tomas Sjödin

Vom Glück der Ruhe

20 Postkarten

Inspirierende Postkarten mit Zitaten des schwedischen Bestsellerautors Tomas Sjödin und wunderschönen Motiven. Sie laden dazu ein, sich bewusst Ruhezeiten zu gönnen und der Ruhe den Raum zu geben, der ihr gebührt. 20 Motive zum Anschauen, Hinhängen, Verschenken und Verschicken.

Kartoniert, 16 x 11 cm
Bestell-Nr. 623.275

SCM